HISTOIRE

DU

VEXIN FRANÇAIS-NORMAND

AVEC CARTES ET PLAN

PAR

G. ACHENBACH-WAHL

Sachons étudier le passé
pour améliorer le présent
et préparer l'avenir.

IMPRIMERIE DE MAGNY-EN-VEXIN

1894

HISTOIRE

DU

VEXIN FRANÇAIS-NORMAND

HISTOIRE

DU

VEXIN FRANÇAIS-NORMAND

AVEC CARTES ET PLAN

PAR

G. ACHENBACH-WAHL

> Sachons étudier le passé
> pour améliorer le présent
> et préparer l'avenir.

IMPRIMERIE DE MAGNY-EN-VEXIN

1894

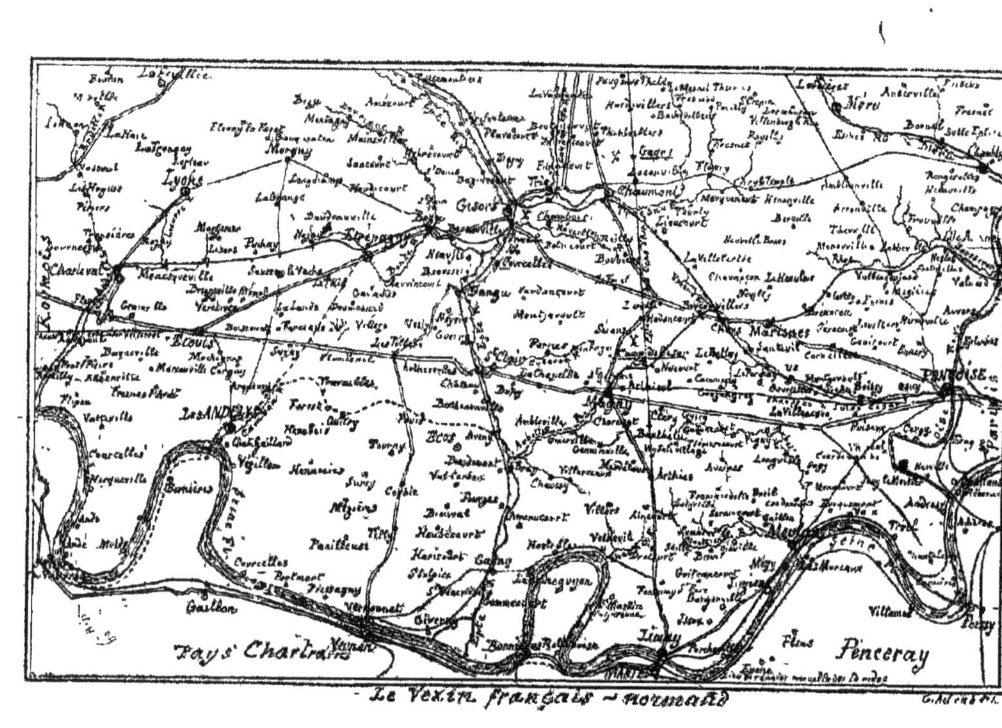

- Le Vexin français - normand

HISTOIRE

DU

VEXIN FRANÇAIS-NORMAND

INTRODUCTION

Que de fois n'avons-nous pas entendu déplorer l'absence d'une histoire du Vexin, cette province si rapprochée de Paris, dont Noël Taillepied, le premier historien de Pontoise, s'est borné à vanter les ressources et à citer les seigneuries. Depuis cet opuscule, imprimé en 1587, il a été publié des travaux sur nombre de villes, de communes, de châteaux, de fondations religieuses de son ressort; plusieurs descriptions générales ont été commencées, aucune n'a été terminée.

Dès la fin du XVIIe siècle, un seigneur de Montgeroult, M. Louis Chevalier, président au Parlement de Paris, né en 1674, réunit des notes pour composer le *Détail du Vexin français;* en 1704, il transmit cette première ébauche à M. Pierre-Henri Métivier de Saint-Liébaut, président-prévost en garde et lieutenant général de police à Pontoise, en lui recommandant de continuer son travail. La veuve de celui-ci donna tout le dossier à M. Paul-François Pihan de la Forest, avocat au Parlement de Paris, ancien avocat au baillage de Pontoise, qui l'enrichit de nombreux renseignements et en forma deux volumes manuscrits, intitulés : *Description du Vexin français, 1788*, et *Généalogie nobiliaire du Vexin français*, déposés aux Archives de la ville de Pontoise.

Vers 1740, M. le président Claude-Joseph Lévrier, lieutenant général du baillage de Meulan, descendant de Jean Lévrier, escuyer, qui, en 1492, était grand veneur du sénéchal de Normandie, collectionna les copies de quantité de chartes et documents se rapportant au Vexin, lequel fonds, son fils et successeur, Antoine-Joseph Lévrier, augmenta autant qu'il lui fut possible. Arrivé en 1816, à l'âge de 70 ans et ne se sentant plus la force de terminer l'œuvre qui lui avait coûté tant de peines et de patientes recherches, celui-ci légua ses nombreux volumes manuscrits à la Bibliothèque nationale, en laissant à d'autres le soin d'en composer une description historique.

Avec le secours de ces savantes compilations, des indications que nous puiserons dans les travaux de divers historiens de la Haute-Normandie, dans l'inventaire de la succession de M. Pierre Legendre, richissime financier et seigneur de Magny, dans les documents intéressants publiés par la Société historique et archéologique de Pontoise et du Vexin, ainsi que dans les ouvrages locaux parus, et des renseignements que nous avons pu nous procurer sur place; nous nous efforcerons de composer un travail que d'autres seront à même de perfectionner en le complétant par des notes ou observations. Il y aura au moins un canevas sur lequel les érudits pourront broder à leur guise.

Nous avons publié, en 1879, l'histoire de notre petit domaine : *Recherches sur l'origine du Camp de Nucourt et sur l'emplacement de l'ancien Petromantalum;* puis, en 1889, la description du village qui aura été le berceau de nos enfants : *Histoire de la commune de Nucourt* (Seine-et-Oise). En continuant la gradation, nous allons décrire l'ancienne province du Vexin, cette contrée privilégiée, dont l'aspect général respire la vie active et la richesse.

Presque partout un sol généreux et bien cultivé, parsemé de riants villages, de fermes importantes et d'exploitations dont les produits alimentent des villes intéressantes à connaître par les événements qui ont illustré leur passé.

Cette contrée est si riche en souvenirs historiques que, dans toute son étendue, on découvre fréquemment des armes, des monnaies, des bijoux, des fondations de monuments anciens, etc. Voulant en réunir les plus beaux spécimens dans un musée confortable, M. et Mme Tavet, membres de la Société historique du Vexin, ont consacré une partie de leur fortune à la restauration de l'hôtel du grand vicariat de Pontoise. Il y a déjà là un choix d'objets intéressants, auxquels on pourrait ajouter ceux que la Société historique tient emmaganisés dans un autre local, prêté gracieusement par M. Séré-Depoin.

DESCRIPTION DU PAYS ET DE SES PRODUITS

Dans nos précédents ouvrages, nous avons démontré comme quoi la Viosne servait de limite primitive au pagus Vellocasses; nous constations en même temps que le roi Dagobert, désireux de placer cette province sous la protection du grand saint Denis, y avait désigné plusieurs terres pour don à l'abbaye sous ce vocable. Quelques unes de ces terres s'étendant au delà du cours de la Viosne, la limite du Vexin se trouva reculée jusqu'au rû du Sausseron (630). Les archevêques de Rouen empiétèrent à leur tour sur l'évêché de Beauvais (ancien pagus Bellovacus), par l'extension de leur juridiction jusqu'à la Falaise de Bray.

Du côté de l'Oise, il y eut une autre déviation de la limite primitive, lorsque, en 980, l'évêque Elysiardus acquit au diocèse de Paris plusieurs paroisses voisines d'Andrésy[1].

---

1. Lévrier, vol. XI

En bornant les limites de la province à la circonscription politique octroyée par Dagobert, nous pouvons faire la remarque que le Vexin demeurait complètement enfermé dans des frontières naturelles, telles que : la rivière d'Andelle, à l'Ouest; la Seine, au Sud; l'Oise, à l'Est; le Sausseron, la Troësne et l'Epte supérieure, au Nord. Une pareille ligne de démarcation aurait dû la mettre à l'abri des entreprises de ses voisins; mais sa situation entre l'Ile de France et la Normandie lui valut plus de six siècles d'invasions, de guerres, d'incendies et de ruines.

Divers auteurs, même des plus autorisés, lui attribuent une bien plus grande étendue, en désignant l'*oppidum* de *Rotomagus* pour sa capitale. Cependant, le nom de la rivière d'Andelle, diminutif de *and* frontière, indique suffisamment que ce cours d'eau formait la ligne séparative entre le Roumois et le Vexin proprement dit. Nous nous renfermerons donc dans l'étude de cette dernière circonscription.

La surface générale de ce pays, inclinant vers le sud, le climat y est assez tempéré. Aussi, on y cultivait autrefois la vigne, dont le rendement fournissait à des exportations considérables pour l'Angleterre, la Hollande, même la Suède [1]. Vers 1668, on embarquait à Mantes plus de 40.000 pièces de vin, revendues aux foires de la Toussaint et de la Chandeleur à Rouen. Mais le refroidissement progressif de la température a tellement influé sur la qualité des produits, qu'il a fallu abandonner cette culture, dont on ne trouve plus aujourd'hui que quelques traces sur les rives de l'Oise, au-dessous de Pontoise, et sur celles de la Seine, jusqu'à l'embouchure de l'Epte. Partout ailleurs domine maintenant le pommier à cidre implanté, dès le xive siècle, par les rois de Navarre, alors comtes de Mantes et Meulan.

L'agriculture, toujours tenue à la hauteur du progrès, y est

1. *Hist. de Mantes*, par Chrétien et Desbois.

des plus perfectionnées, ce qui n'a pas empêché d'étendre autant que possible les prairies naturelles pour l'élevage du bétail. Il eût été imprudent de s'y livrer au moyen âge, où les surprises et coups de mains étaient tellement fréquents, que le paysan ne pouvait songer à avoir des troupeaux; par suite, il manquait d'engrais. Dans ces temps malheureux, l'assolement était biennal, c'est-à-dire qu'un champ rapportait une année et se reposait l'autre; en jouissant plus tard d'une certaine sécurité, on était arrivé, sous Louis XIV, à mettre à profit les conseils de Henri IV et de son ministre Olivier de Serres, pour adopter l'assolement triennal: une année de blé ou seigle, une d'orge ou d'avoine et une de jachères. On réussit ensuite à remplacer les jachères par des prairies artificielles : trèfle, luzerne ou sainfoin. Aujourd'hui, les engrais chimiques ont permis de supprimer complètement les jachères, pour leur substituer une récolte de betteraves ou autres racines et tubercules. Dans certaines localités, on arrive même à plusieurs récoltes par an. De nombreux vergers, surtout dans la région avoisinant la vallée de la Seine, sont la source d'un grand commerce de fruits. La facilité des transports à bon marché a aussi permis la production en grand des primeurs, du cresson de fontaine et des champignons de couche.

Au point de vue géologique, la constitution du sol tient du vaste dépôt que MM. Cuvier et Brongniart ont décrit sous le nom de « Bassin de Paris. » Toute la région, depuis Pontoise jusqu'à l'Epte, appelée le plateau de Marines, fournit de la pierre à bâtir, dont la plus résistante est à Chérence et à Saillancourt, les plus hauts bancs à Génainville et à Guiry, la plus fine de grain à Nucourt. Le gypse ou pierre à plâtre se trouve en un filon morcelé courant de Triel par Courdimanche, Chars, Neuilly, Grisy vers l'Oise. Des calcaires à chaux hydraulique sont exploités à Nucourt. Il y a des gisements de pierre meulière à Lainville, sur la molière de Sérans et au caillouet de Marines. Dans tout le Vexin normand existent de nombreux affleurements de craie et d'argile; la craie apparaît de même dans les côtes de Vétheuil et de la Roche-Guyon. Nulle part il n'y a trace de minerai, si ce n'est un léger dépôt de lignites sur les terroirs de Limay et de Saint-Martin-la-Garenne, qui a fait espérer la présence de la houille, toujours recherchée sans succès.

Sur le bord de la Viosne, à Santeuil, se trouve une source d'eau minérale qui, rendue gazeuse, fournit une eau de table d'un goût très agréable.

Dans cette même vallée et dans celle de la Troësne, il y avait quelques exploitations de tourbe.

En indiquant les limites naturelles, nous avons décrit le régime des eaux, que nous devons compléter par la mention des affluents. La Viosne qui servait d'ancienne limite, prend sa source au Boulleaume et se jette dans l'Oise, à Pontoise; l'Aubette de Meulan prend naissance près d'Avernes, se joint au rû de Guiry et à celui de Moncient, lui-même augmenté du rû de Bernon, pour aller trouver la Seine à Meulan; l'Aubette de Magny, sortant du pied du camp de César à Nucourt, est grossie des rûs de Saint-Gervais, de Génainville et de Chaussy, avant de rejoindre l'Epte à Bray; La Lévrière, partant de Bézu-la-Forêt pour recevoir la Bonde ou rû d'Étrépagny, s'unit à l'Epte près de Neauphle; la Troësne, descendant d'Ivry-le-Temple par Chaumont, arrive à l'Epte à Gisors, où aboutit de même le Réveillon sorti des vallons de Boubiers; cette rivière d'Epte, descendue de Forges-les-Eaux par Gournay, Sérifontaine, etc., pour rejoindre la Seine à Giverny, reçoit encore, près de Boury, le rû d'Hérouval et, près de Saint-Clair, le Cudorond ou rû de Parnes. Il ne nous reste plus à citer que le rû de Chaudray se jetant dans la Seine à Vétheuil, et le rû du Gambon qui y mêle ses eaux aux Andelys; enfin, le rû de Lieure *(flumen Loiry)* qui, parti de Lyons-la-Forêt, rejoint l'Audelle à Charleval.

La Seine et l'Oise sont les deux seuls cours d'eau naviga-

monnaies pour les échanges. Il faut admettre que bien des siècles s'écoulèrent encore pour l'application de ces découvertes, surtout au milieu des tâtonnements toujours inévitables.

Au fur et à mesure que le travail et les recherches procuraient aux Gaulois de meilleures conditions d'existence, leurs goûts devenaient plus raffinés; ils apprenaient à connaître les produits que leur sol ou leur climat ne pouvaient leur donner; de là des transactions les forçant à des déplacements dans des directions déterminées; d'où des sentiers battus, lesquels furent transformés en chemins, dès qu'ils eurent des véhicules à leur disposition. Aux endroits les plus fréquentés, soit à la rencontre, soit au croisement de plusieurs de ces chemins, il s'établit des refuges de nuit ou hôtelleries. Près des traversées de cours d'eau, ces hôtelleries se groupant contre les cabanes des pêcheurs et des bateliers, donnèrent naissance à des bourgades, dont plusieurs sont devenues des villes.

ÉPOQUE CELTIQUE

Les Gaulois étaient déjà parvenus à un certain degré de civilisation, lorsqu'une invasion de Belges, venus d'outre-Rhin, l'an 350 avant Jésus-Christ, les refoula au delà de la Seine; ces envahisseurs voulaient même s'avancer plus loin, mais leurs tentatives se brisant contre la résistance des Carnutes (Chartrains), ils durent limiter leur prise de possession au cours du fleuve. Ces deux peuples restèrent ainsi à se surveiller d'une rive à l'autre, donc à s'observer en ennemis[1]. Il en résulta qu'ils demeurèrent très longtemps sans établir des rapports de bon voisinage, d'où une différence marquée dans leurs mœurs, dans leurs goûts et jusque dans leurs aptitudes.

1. *Hist. de Meulan*, par Em. Réaux, p. 9.

Cet antagonisme se transmettant aux générations futures, y imprima une rivalité instinctive qui pourrait expliquer l'hostilité, régnant encore au moyen âge, entre les habitants de Mantes (Chartrains) et ceux de Meulan (Vexinois). Même de nos jours, on peut constater une certaine différence dans les coutumes, dans le langage et jusque dans le caractère des habitants du Pinserai, comparés à ceux du Vexin.

Ces nouveaux occupants furent appelés « waelsch-gast » (hôtes étrangers-intrus), lequel terme dégénéra en « vello-casses », que diverses modifications ont transformé en « velcassino », Velgesin puis Vexin [1]. Ils profitèrent de tous les travaux des Gaulois dont ils avaient pris la place; ils s'assimilèrent promptement leurs goûts et leurs habitudes, tout en continuant leurs recherches vers le progrès et arrivèrent ainsi à se civiliser à leur tour.

Jules César estimait beaucoup les Vellocasses, qu'il dépeint comme des hommes d'une haute stature, d'un tempérament fort et robuste, courageux, francs, généreux, hospitaliers, ingénieux, adroits, vivant de la chasse et de la pêche.

Chaque chef de famille ayant la coutume d'établir sa demeure au centre de son exploitation, il n'existait pas de fort groupes d'habitations, si ce n'est près des gués, ponts ou carrefours. Sur quelques points faciles à défendre furent construites des enceintes palissées, puis murées, formant l'*oppidum* ou forteresse, résidence des chefs de tribu. Comme il n'y avait généralement qu'un de ces centres par petite nationalité, cette particularité pourrait nous expliquer la rareté des mentions de lieux, faites dans les *Commentaires*.

Les cérémonies du culte aux divinités Mercure, Apollon, Mars, Jupiter, Minerve, Esus, avaient lieu sous la voûte sombre des forêts; elles étaient présidées par les Druides

1. *Hist. de Pontoise*, par J. Depoin.

qui dirigeaient la politique et exerçaient la médecine.

Parmi les médailles gauloises recueillies dans la contrée, quelques unes portent le mot VELIOCATI avec l'effigie d'un guerrier entourée du nom SUTICOS.

Notre contrée devait être très riche en pierres votives, chemins couverts, peulvens, etc., car, malgré l'ardeur de nos premiers apôtres chrétiens à supprimer tous les emblèmes de l'idolâtrie celtique, malgré les ordonnances si sévères des rois Childebert, Chilpéric et Charlemagne, prescrivant la destruction de tous ces témoins d'un autre âge, beaucoup de ces monuments avaient échappé au marteau des démolisseurs. Malheureusement, l'ignorance ou la cupidité des trafiquants de nos jours s'y attaqua depuis pour les réduire en pavés ou en bornes[1].

Parmi ceux qui restent, nous citerons :

Le dolmen de Trie-Château (Oise), appelé « la Pierre aux Druides », décrit et reproduit dans nombre de publications. Près de Conflans-Sainte-Honorine se trouvait un autre dolmen, transporté et réédifié dans les fossés du château de Saint-Germain.

Sur le plateau qui sépare le cours du Réveillon *(Rivulus)*, de celui de la Troësne *(Trenna)*, près du chemin de Delincourt à Chaumont, il y a un monolithe connu sous le nom de « Pierre droite ».

Aux environs de Montjavoult, lieudit le Clos-de-Bréteuil, on peut voir un reste de pierre fichée, autrefois très grande et appelée la « Haute borne ».

Non loin de là, sur le chemin de Boury à Magny, il y a la « Pierre de la Chartre », que la crédulité populaire entoure d'une sorte de vénération.

En suivant le chemin de Vaudancourt à Montjavoult, on passe à la « Pierre tournante ».

---

1. *Descrip. arch. de l'Oise*, par Graves.

Entre le Petit-Sérans et le Fayel, il y a une pierre fichée connue sous le nom de « Pierre frite ».

Une autre pierre frite se trouve près de Saint-Cyr-sur-Chars.

Au-dessus de la ferme du Bois-Franc, sur le chemin de Chars à Magny, se trouvait la « Pierre qui tourne », dont un reste a été transporté chez M. Bonnejoye à Chars.

Près de Brueil existe la « Cave aux Fées » avec un dolmen à côté.

A l'entrée d'Omerville, un reste de mégalithe sert de base à une croix.

Il y a : au hameau de Gency, près Cergy, un menhir appelé la « Pierre du Fourré »; un autre menhir la « Pierre fichée » à Ambleville; un dolmen et un menhir dit « Pierre de la Vigne des Grès » à Arronville; la « Haute borne » à Auvers-sur-Oise; la « Pierre levée » au Tillet, près Cléry; la Haute borne à Commeny; la « Pierre druidique » à Ennery; la « Haute pierre » à Frémainville; la « Pierre droite » à Gadancourt; la « Pierre branlante » à Génainville; un dolmen dit la « Pierre de Jouy-le-Moutier » près de ce village; un dolmen dit « de la Chapelle » à Labbeville; la « Haute borne » à Montgeroult; un menhir désigné la « Pierre de la Vigne des Grès » à Theuville, près Haravillers; un dolmen au lieudit la Galerie à Us [1].

Le nom de la ville d'Andely, formé de *and*, limite frontière, *leg*, pierre, prouverait qu'il y existait un monument d'une certaine importance.

M. Armand Cassan, ancien sous-préfet de Mantes, a donné la description d'un hypogée qu'il a fait fouiller au hameau de Bézu-lès-Chérence [2]. Une autre tombelle a été découverte tout récemment à Dampont. Une troisième existe à Nucourt,

---

1. *Antiq. et Arts de Seine-et-Oise.*
2. *Antiquaire de l'arrondissement de Mantes*

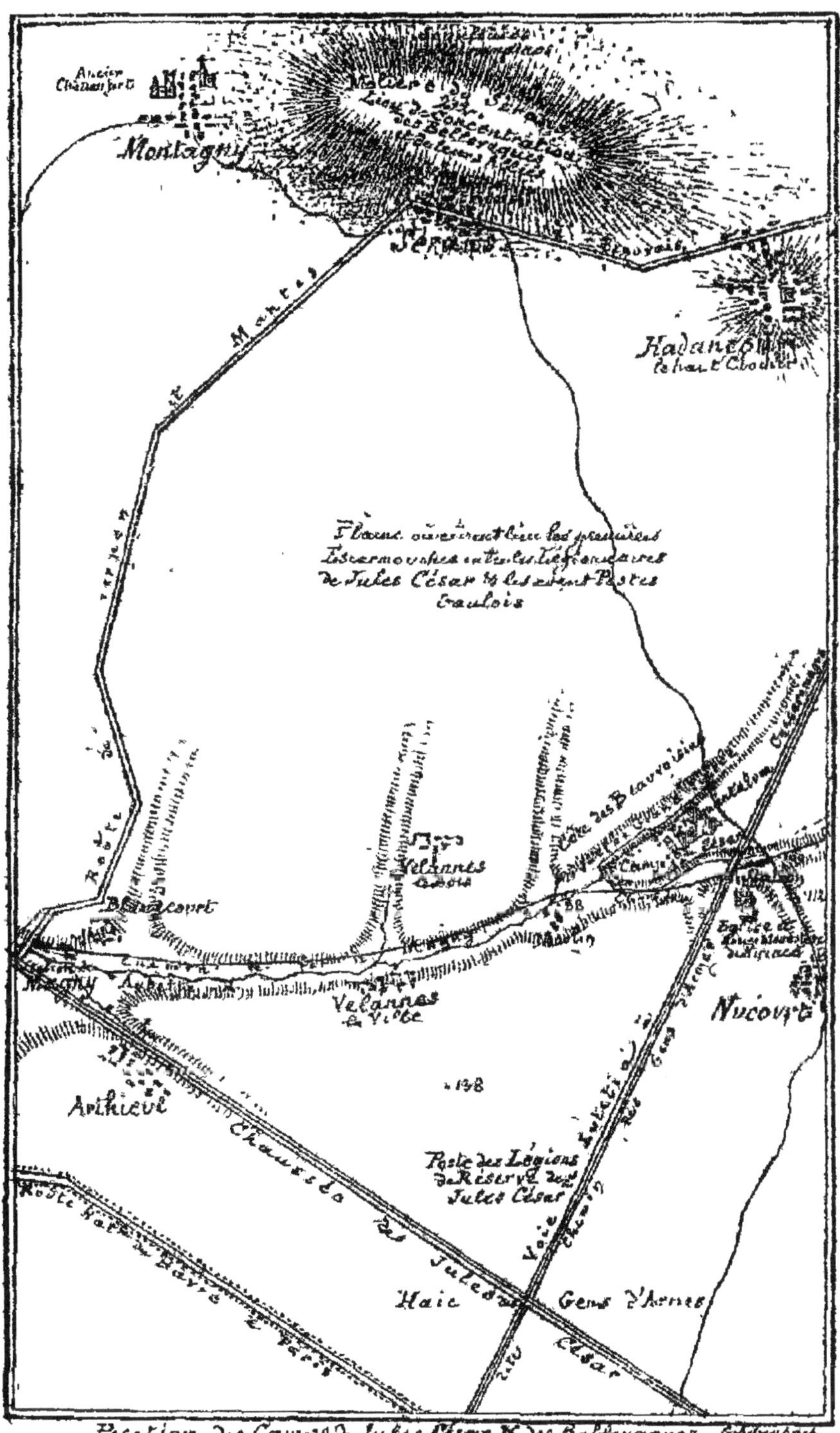

Position des Camps de Jules César & des Bellovaques

au lieudit « les Luyarts »; le fermier Allais en a retiré une mâchoire garnie de toutes ses dents; dans l'orifice, de 0 m. 40 de diamètre, fermé par un tampon de pierre, se trouvaient engagés trois crânes humains. Serait-ce la preuve du dernier effort de malheureux enterrés vivants?

De nombreuses haches et pointes de lances en pierre taillée et en pierre polie, recueillies dans le Vexin, principalement entre Gisors et Pontoise, prouveraient combien les Vellocasses aimaient la lutte. Pour la chasse, ils devaient se servir d'arcs et de flèches. Quoique le bronze et le fer leurs fussent dès longtemps connus, les Gaulois faisaient encore usage de ces armes primitives lorsque Jules César entreprit la conquête de leur pays, qu'il décrit comme bien cultivé.

ÉPOQUE GALLO-ROMAINE

Les Romains foulèrent le sol des Vellocasse, pour la première fois, l'an 57 avant Jésus-Christ, après la défaite des Bellovacos, leurs voisins. Ils le touchèrent de nouveau, lors d'une expédition en Angleterre. Puis, ils y revinrent l'année 51 avant Jésus-Christ, dans leur marche contre les Bellovacos et leurs alliés qui se disposaient à attaquer les Suessiones, amis des Rhémois, peuple fidèle à Jules César.

Ayant eu connaissance de cette coalition, le grand conquérant s'apprêta à frapper un coup décisif. Il quitta son quartier d'hiver de *Genabum* (Gien dans l'Orléanais) pour marcher sur *Bellovacus* (Beauvais), le principal *oppidum* des confédérés. La voie la plus directe, passant par *Lutetia* (Paris) et *Briva-Isaræ* (Pontoise), le conduisit vers la molière de Sérans, qu'il allait atteindre, lorsque des gens occupés dans les champs, lui apprirent que les chefs Corréus de Beauvais et Comius d'Arras, avaient choisi cette montagne, entourée de terrains marécageux, pour la concentration des divers combattants à réunir; savoir : les Bellovaces (Beauvaisiens), Ambianos (Amiénois), Aulercos (Mainois), Calettes (Cauchois), Vellocasses (Vexinois) et Artrabates (Artésiens)[1].

Ainsi renseigné sur le nombre et la position des conjurés, il prend le parti de camper près de leur poste de réunion et, pour cela, choisit le promontoire dominant les sources de l'Aubette (*Albunea*), auquel la tradition a toujours conservé le nom de « Camp de César ».

Comme il n'avait alors près de lui que les trois légions de vétérans, la 7e, la 8e et la 9e, plus la 11e composée de jeunes gens d'élite, et très peu de bagages, il chercha à feindre la crainte, en se retranchant derrière des ouvrages bien combinés et solidement établis.

Au-devant d'un rempart de douze pieds de haut, avec son parapet à proportion, il fit creuser des fossés à fond de cuve de quinze pieds de large. Sur le front faisant face à l'ennemi, il éleva une série de tours à trois étages, reliées par des galeries. Les entrées furent munies de portes, épaulées de tours fort hautes.

Malgré tant de siècles écoulés depuis sa création et les nombreux événements qui s'y sont déroulés, le camp de Nucourt a si bien gardé la trace de tous ces ouvrages, qu'il serait très facile d'en reconstituer un bon ensemble. Les fossés et le rempart avec passage pour les entrées existent, de petits monticules indiquent la base des tours ayant protégé chacune des entrées, et une série d'élévations sur le front septentrional du camp marquent l'emplacement des tours qui furent reliées par des galeries. Sur cette face il y a des entailles dans la côte pour en rendre l'accès plus difficile. Et, particularité très importante, la face opposée de la vallée Grand-Pierre a

1. *Bell. Gall.*, Lib. VIII.

conservé le nom de « Côte des Beauvoisins », c'est-à-dire des Beauvaisiens.

A la vue d'un pareil système de défense, les Gaulois se rappellent le sort d'Alésia et prennent la résolution de quitter au plus vite leur montagne isolée. Ils s'y préparaient, lorsque dans une escarmouche assez heureuse, près de Velannes, où ils avaient surpris les fourageurs romains, ils tuèrent Vertiscus, chef des Rhémois.

Jules César n'avait fait entrer dans son camp retranché que les bagages et les troupes nécessaires pour la défense; la plus grande partie des 15.500 hommes et surtout les cavaliers qu'il avait avec lui étaient campés dans des avant-postes jusqu'à la rencontre de la voie de Beauvais avec celle de Rouen; au cas d'attaque du camp, cette réserve pouvait prendre les Gaulois à revers.

Tout étant disposé pour masquer leur retraite vers l'*oppidum* de *Bellovacus* et sur la nouvelle de l'arrivée prochaine de C. Trébonius avec quatre légions de renfort, les Gaulois mettent le feu partout à la fois à une grande quantité de pailles et de fascines, amoncelées sur tout le front de la molière. A la faveur de cet incendie, ils peuvent déloger à l'aise et gagner, à dix mille pas de là, le plateau de Gagny, près Loconville, au delà des marais de la Troësne.

De ce point, ils espéraient continuer leur tactique contre les fourageurs romains, pour les décimer en détail, mais ils furent trahis. César ayant été informé du jour choisi par Corréus pour se poster avec 6.000 fantassins et 1.000 cavaliers dans les bois avoisinant la plaine de Chambors, près Gisors, l'y dévança à la tête d'un bon nombre de légionnaires. Corréus, se trouvant ainsi pris dans le piège qu'il croyait tendre à son ennemi, fut attaqué à l'improviste et périt dans le combat. Bien peu de ses gens réussirent à se sauver à travers bois pour atteindre, à huit mille pas de là, le camp gaulois où ils portèrent la triste nouvelle de cette défaite. Les alliés en furent tellement frappés que leur Conseil, assemblé à la hâte, décida de proposer la soumission au vainqueur. Jules César l'accepta avec empressement; mais Comius, se méfiant d'une clémence si facile, préféra s'expatrier. Beaucoup de ses guerriers le suivirent dans son exil.

En souvenir de cette heureuse et prompte solution, Jules César donna son nom à l'*oppidum* de *Bellovacus*, désigné depuis lors *Cæsaromagus*.

Ces faits démontrent que le camp de Nucourt n'eut à subir aucune attaque et resta bien intact; il avait l'avantage d'abondantes sources de très bonne eau et de se trouver à proximité de deux voies stratégiques de grande importance. César ne manqua pas de profiter de cette situation pour y demeurer quelque temps avec la 11e légion, commandée par le questeur Marc-Antoine. Ce fut un poste d'observation tout créé.

Le nom de cette nouvelle station sera tiré de son emplacement sur une avancée de roches calcaires; elle est appelée *Petromantalum*, mot composé de *petra*, pierre, *maën*, roche, *tal*, extrémité; étymologie déjà indiquée par Dom Toussaint du Plessis, au tome II, page 245 de sa *Description de la Haute-Normandie*.

De son côté, le président Lévrier, voulant fixer l'emplacement du camp de César, dit, au tome XXIII de ses *Notes sur le Vexin*, article Chaussée de Julien César : « On voit encore aujourd'hui, entre Hadancourt-haut-Clocher et Saint-Gervais-« lès-Magny, un lieu qui porte le nom de Camp de César et « où la tradition porte qu'il campa effectivement. »

Des monnaies du IIe siècle, à l'effigie de Faustine et de Lucile, recueillies dans ce camp, prouvent que les empereurs romains, successeurs de Jules César, ont continué d'y maintenir des troupes.

Sous la protection de ce poste militaire fut créé tout auprès un refuge entouré d'une muraille en gros grès qui existait encore vers 1845. Le plan cadastral de la commune de Nucourt, dressé en 1833, en indique parfaitement les contours, délimitant la parcelle n° 382.

Ce refuge devait renfermer des cabanes pour abriter les voyageurs et des comptoirs pour quelques marchands. La carte de Peutinger le désigne sous le nom de *Petrumviaco*, abréviation indiquant que *Petromantalum* touchait à la voie de Beauvais, à peu de distance de sa jonction avec celle de Rouen à Paris.

Le premier soin des Romains fut de transformer les principaux chemins des Gaulois en chaussées, surtout ceux passant près de leurs postes militaires. La voie de *Cæsaromagus ante Bellovacus* demeura une des plus importantes. Venant du Nord par *Samarobriva* (Amiens), *Bratuspantium* (Bréteuil), *Cæsaromagus* (Beauvais), *Petromantalum* (camp de Nucourt), elle se continuait toujours en ligne droite par *Limcimacum* (Limay), *Medunta* (Mantes), *Autricum* (Chartres), *Cæsarodunum* Tours, *Limonum* (Poitiers), *Inculisma* (Angoulême), *Burdigala* (Bordeaux), *Laplirdum* (Bayonne), jusqu'en Espagne.

Passant à peu de distance du lieu consacré où les Druides tenaient tous les ans leur grande assemblée (*Bell. Gall.*, lib. VI), lequel centre M. Armand Cassan a reconnu dans le « Champ de Justice », près d'Épône, cette voie devait être une des plus fréquentées de la Gaule.

Au lieudit « la Haie-des-Gendarmes », elle croisait la voie venant de *Rotomagus* (Rouen) par *Ritumagus* (Radepont), et allant par *Briva-Isaræ* (Pontoise) à *Lutetia* (Paris). Comme la situation de *Petromantalum* au camp de Nucourt n'est qu'à 2.800 mètres de cette jonction des deux voies sur lesquelles son nom est mentionné par l'itinéraire d'Antonin et la carte de Peutinger, nous pouvons faire observer à ceux qui voudraient arguer de cet éloignement pour la chercher ailleurs, que de nos jours bien des stations de chemin de fer sont à plus grande distance des localités dont elles portent le nom ; témoin, la gare d'Achères, si importante par les diverses bifurcations de lignes. Si un cataclysme venait tout détruire, devrait-on s'obstiner plus tard à ne vouloir retrouver l'emplacement de la commune d'Achères que sur la ligne des rails, au point de partage des diverses voies?

Certains auteurs ont cru pouvoir attribuer *Petromantalum* à Arthieul, à Banthélu, à Saint-Gervais, à Magnitot, à la Chapelle-en-Vexin, toutes localités plus éloignées de la Haie-des-Gens-d'Armes que ne l'est le camp de Nucourt. A l'endroit même du point d'intersection des anciennes voies de Beauvais et de Rouen, il n'y a jamais eu de constructions, car les eaux pluviales ayant transformé l'un des chemins en ravine, y ont creusé le sol à plus de deux mètres de profondeur sans mettre aucune fondation à découvert.

Ces deux voies furent longtemps les seules chaussées du Vexin. Celle de Rouen a gardé le nom de chaussée de Jules César, et quoique sur le territoire de Cléry, près du Tillet, elle n'ait plus que 2 mètres 50 de largeur à peine, son tracé, marqué sur les principales cartes géographiques, n'a jamais été contesté.

Il n'en est pas de même de la voie de Beauvais, dont le parcours est cependant précisé dans des chartes de donations au prieuré de Liancourt. Dans l'une, datée de 1059, le roi de France Henri Ier et le comte du Vexin Gauthier III, approuvent la donation faite par Dreux de Conflans, de biens situés « *ad levam viæ Belvacine dividit atque medietatem sicut currit Trenna aqua.* » Dans une autre, datée de 1088, Ildebert d'Eragny cède à ce même prieuré de Liancourt des terres situées « *citra pontem calcede* » (près du pont de la chaussée). En 1838, on a retrouvé ce pont et des restes de chaussée dans les marais de la Troesne, près Loconville.

Dans l'histoire de Nucourt, nous avons déjà expliqué d'où provenaient les divisions ou rayages de terre traversant cette ancienne chaussée sur une faible longueur; elles sont dues au morcellement du fief des Bénédictins, propriété du monastère de Nucourt, appelé plus tard fief Bagot, lors vente en détail.

Sur le terrain de Boubiers, près du Fayel, il reste une longueur de 30 mètres de pavage primitif bien apparent; d'autres parties de pavage se trouvent dans la descente de la même voie, vers Banthélu. Et nous devons faire observer que si ces restes de chaussée sont si rares, c'est que les pavages en ont été arrachés pour servir à la construction des grandes routes qui les avoisinent.

Au XVIe siècle et même jusqu'à l'établissement des routes royales, les deux chaussées du Vexin avaient gardé toute leur importance. Nous en avons comme preuve une ordonnance du bailli du roi à Meulan, en date du 8 mai 1562, dispensant les habitants de Longuesse et de Vigny de tout service au fort de Meulan, parce qu'ils avaient à monter la garde au château de Vigny, « près des routes d'Orléans en Picardie » *(Genabum à Cæsaromagus)*, « et de Paris à Rouen *(Lutetia* à *Rotomagus)*.

Les Romains se proposaient sans doute de construire d'autres chaussées dans le Vexin, dont quelques unes, entreprises après la rédaction des Itinéraires, ne furent terminées qu'après le départ des légions. De ce nombre, la chaussée de Brunehaut s'embranchant sur celle de Jules César, près de Gouzangrez, et passant par Vigny pour aboutir à *Mellentum* (Meulan). Elle devait avoir eu pour but de rattacher au camp de Nucourt-Petromantalum le castel de Locenes (Nonciennes-Thun), point d'observation sur la vallée de *Sequana* (Seine), et pouvait être prolongée jusqu'à la préfecture maritime d'*Anderetia* (Andrésy), où se trouvent encore les restes d'une tour gallo-romaine. Le 10 décembre 1556, les maîtres maçons Louis Pailleur et Jehan Alix trouvèrent à Meulan, sur l'emplacement de l'ancienne porte du Vexin, une pierre de 0 m. 50 sur 0 m. 33, portant l'inscription : « *Scellaria.* » Le chemin de la reine Blanche, se détachant de la voie de *Cæsaromagus*, près d'Hadancourt, pour se diriger par le Petit-Sérans et Gisors vers Dieppe, doit avoir aussi une origine très ancienne.

Jules César ne jouit pas longtemps de ses triomphes dans la Gaule; après de nouvelles expéditions en Grèce, en Espagne et en Afrique, il acquit une telle autorité que, dans le Sénat, à Rome, il se trama un complot pour le supprimer; il périt assassiné l'an 44 avant Jésus-Christ. Ce tragique événement fit passer le gouvernement de la Gaule à son ancien lieutenant Marc-Antoine qui, en l'an 31, finit misérablement sa vie auprès de Cléopâtre, en Égypte, devant le succès des armes d'Octave, petit-fils de Jules César. Ce nouveau souverain fait un usage si intelligent de son pouvoir que Rome lui décerne le titre d'Auguste. Son règne fut d'autant plus marquant dans l'histoire, qu'il fut témoin de la naissance de Jésus-Christ.

Afin de diminuer les chances de soulèvement, les Romains groupèrent les pagus des Gaulois par provinces. Celui des Vellocasses fut compris dans la Seconde Lyonnaise, métropole Rouen.

Sous Tibère se déroule dans la Judée, à Jérusalem, le drame de la passion du Sauveur, dont les doctrines libératrices exerceront une action si bienfaisante pour la régénération de la société. Après le crucifiement du Maître, les apôtres de la nouvelle foi cherchent à répandre sa parole dans le monde entier. Saint Pierre et saint Jean prennent le chemin de Rome; saint Paul, prisonnier, s'y fait conduire pour être mis en présence de l'empereur. Leurs succès sont si rapides, que les souverains en prennent ombrage et ordonnent des persécussions contre les Chrétiens. Néron fait périr saint Pierre et saint Paul en l'an 66; Domitien condamne saint Jean en l'an 95; Trajan, Marc-Aurèle, Sévère, Maximin, Décius, Valérien renouvellent les édits de proscription. Leurs ordres sanguinaires étant exécutés par tout l'Empire, saint Denis, premier évêque de Paris, subit le martyre vers l'an 270, sous Aurélien. A cette même époque, saint Nicaise s'avançait dans la vallée de la Seine en compagnie de saint Quirin, de saint Escobile et de sainte Pience; ils sont arrêtés tous quatre à *Scancius* (Ecos), et mis à mort par les ordres de Sissinius Fesconius, gouverneur de la province. Plus heureux, saint Mellon peut arriver, par la voie de Jules César, jusqu'à Rouen. Saint Evode et saint Clair évangélisent à leur tour les habitants du Vexin, mais ce dernier est décapité au lieu qui porte son nom. Ces persécutions ne faisant qu'augmenter le nombre toujours croissant des adeptes à la nouvelle religion, l'empereur Maximien ordonne, en l'an 303, leur massacre général, et communique cet arrêt à Rictus Varus, son préfet dans les Gaules.

Enfin, en l'an 313, l'empereur Constantin adopte officiellement le Christianisme et le déclare religion dominante de ses vastes états. Les Gaulois pouvaient donc espérer le calme et la sécurité; mais leurs provinces du Nord étaient alors visitées par les peuples barbares d'outre-Rhin; ce furent d'abord les Francs qui, bientôt suivis des Huns et des Visigoths, attaquèrent les Romains avec tant de persistance, qu'ils finirent par les forcer à repasser les Alpes vers l'an 476.

Pendant leur domination de plus de cinq siècles, les Romains avaient doté la Gaule de monuments capables de défier l'outrage du temps; mais encore à leur endroit le zèle religieux fut le mobile de la destruction. Sous prétexte de supprimer tous les emblèmes du Paganisme, on abattit les temples, les palais, les arènes, les aqueducs, pour utiliser leurs matériaux à la construction des chapelles ou églises. Un ancien temple à Jupiter (*mons Jovis*) devint l'église de Montjavoult.

Dans bien des localités existaient des monuments si grandioses, que leurs ruines sont toujours un sujet de curiosité et d'étonnement pour les amis des arts et des antiquités.

Au lieudit « les Luyarts », entre Hardeville et le Bellay, il y a de vastes fondations d'arènes et de bains romains. M. Vincent Basile y a trouvé des murs garnis de placages vernissés et des restes de fourneaux; M. Ferdinand Rougeaux, une monnaie d'Antoine le Pieux, le tout près d'une excavation de forme ovale d'une assez grande étendue. De ce point, un pavage, appelé la « chaussée du Trou », conduisait vers la molière, à de grands réservoirs à fond bétonné, désignés « la Grande dallée », près Hadancourt. Sous ce pavage, on a relevé des tuyaux de plomb, et aux alentours, le sol est jonché de débris de briques, tuiles et tuyaux en terre cuite. Des fouilles intelligentes pourraient prouver qu'il y avait là un ensemble de monuments importants du IIe siècle, dépendances de la station ou cité de *Petromantalum*, et que celle-ci était devenue la résidence de très hauts personnages.

Le départ des légions ayant supprimé le poste militaire protégeant cette station, le manque de sécurité la fit tomber dans un grand abandon. En 1887, on y découvrit des tombes en dalles brutes, ne contenant que des débris d'ossements très friables et des vestiges de bois, mais témoignant d'une haute antiquité. Une amulette en jade, de forme triangulaire, très rare, trouvée en ce lieu, doit remonter aux premiers temps du Christianisme, comme symbole primitif du dogme de la Trinité.

D'autres localités du Vexin avaient profité du séjour des Romains; nous avons cité *Anderetia*. Or, en novembre 1890, la tranchée du chemin de fer au dessus d'Andrésy amena la découverte d'un vaste cimetière gallo-romain. Avec le temps, on trouvera de même quelques débris d'antiquité près de *Nonciennes-Thun*. Dans son *Histoire des Andelys*, M. Brossart de Ruville mentionne une enceinte maçonnée, d'origine romaine, sur le mont Bucaille.

En 1856, on découvrit des vestiges de bains romains dans une fouille au faubourg de Capeville, près la rivière d'Epte, à Gisors.

Au hameau de Beaujardin, près Saint-Clair-sur-Epte, on voit aussi des restes de bains romains.

M. Toussaint a fait fouiller près d'Ableiges un cimetière

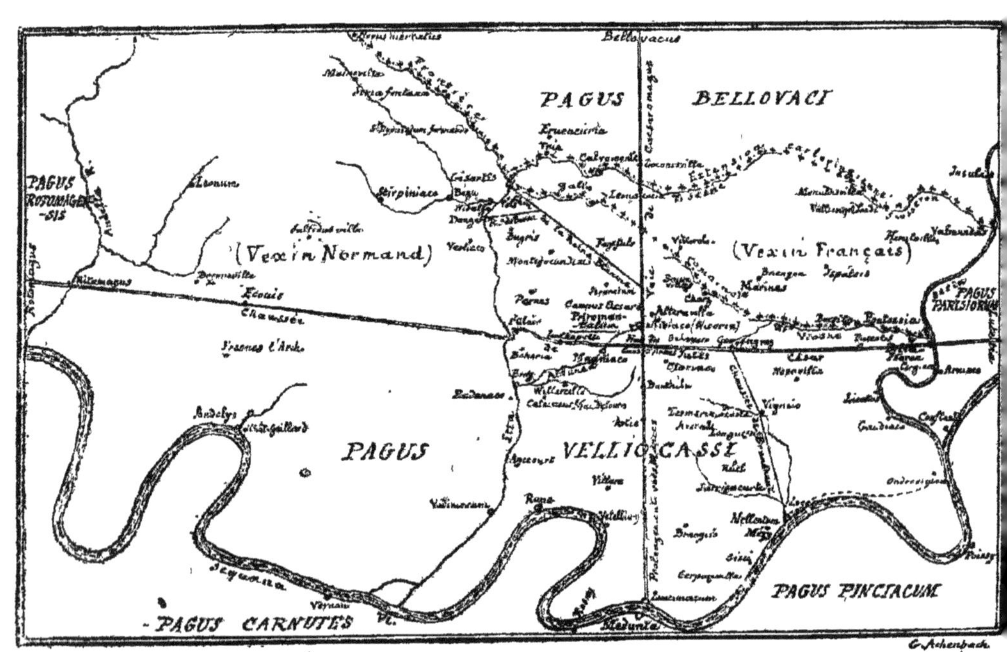

Ancien Vexin.

datant des premiers siècles de notre ère; il y a recueilli des amphores, des fioles, des armes et des ornements prouvant la sépulture de gens de qualité.

Un cimetière de la même époque, existant à Guiry, a été décrit avec inventaire des objets retrouvés par M. L. Plancouard.

Désormais maîtres de la Gaule, les Francs sauront y fonder un État devant jeter un brillant éclat, comme puissance militaire et foyer intellectuel. Une nouvelle organisation supprime les provinces romaines pour les remplacer par des duchés ou comtés. Le duché de Neustrie *(Ne-ost-rike) État* à l'opposé de l'Est, c'est-à-dire *de l'Ouest* fut formé d'une grande partie de la Gaule-Belgique et de la Deuxième Lyonnaise. L'archevêché naissant de *Rotomagensis* (Rouen) et sa future dépendance l'archidiaconné de *Vilcassino* (Vexin) s'y trouvèrent incorporés.

ÉPOQUE MÉROVINGIENNE

La civilisation romaine avait tellement imprégné son idiome dans le dialecte celtique, que les races germaines venues d'outre-Rhin furent obligées de l'accepter comme langue usuelle; ce d'autant mieux que l'Église, voulant assurer l'uniformité des cérémonies du nouveau culte chez toutes les nations, décida que les prières et chants se feraient partout en latin. Cette langue resta donc la dominante du dialecte d'où sortira la langue française.

Clovis, chef des Francs envahisseurs, ayant remporté à Soissons une victoire décisive sur Syacrius, dernier général romain dans les Gaules, songe à s'établir dans le pays conquis, mais reconnaît qu'il ne pourra gagner la confiance des Gaulois que par l'influence du clergé, et qu'il n'aura le concours de celui-ci qu'après sa conversion au Christianisme. Il se soumet donc à cet acte, qui lui permet de transférer le siège de son gouvernement dans Lutèce, ville des *Parisii*, au palais des Thermes de l'empereur Julien. Sainte Clotilde, sa femme, sait gagner les cœurs par quantité de fondations pieuses, dont elle s'occupe tout spécialement.

Elle fait construire l'église Notre-Dame des Andelys et traverse plusieurs fois le Vexin pour en surveiller les travaux. Ce sanctuaire est placé sous la tutelle des évêques de Rouen qui, dans leur reconnaissance, veulent donner au bourg d'Andely le nom de *Cloviolus*, mais ce sans succès. Devenue veuve, sainte Clotilde habite fréquemment la villa qu'elle s'y était fait bâtir, et qu'Eude Rigaud décrit en 1265 : « *manerio contiguo ecclesie Beate Marie de Andeleio.* »

Les premiers évêques profitent des subdivisions des anciens pagus gaulois, transformés en curies romaines, pour former leurs diocèses, et remplacent l'administration militaire par la hiérarchie ecclésiastique.

Au milieu du désarroi qui résultera des luttes et rivalités entre les premiers princes francs, cette autorité spirituelle sera une heureuse sauvegarde contre le retour de la barbarie.

A la mort de Clovis (511), son fils Childebert obtient la Neustrie; cet État passe après lui, en 558, à son frère Clotaire; le fils de celui-ci, Caribert, en hérite en 561, pour le laisser à son frère Chilpéric, marié à Frédégonde, femme sanguinaire et de basse extraction.

Siegebert, autre frère de Chilpéric, s'était uni à Brunehilde ou Brunehaut, fille du roi des Visigoths; princesse distinguée dont Frédégonde avait fait assassiner la sœur Glaswinthe. Pour venger ce crime, Siegebert attaque Chilpéric, mais périt lui-même assassiné dans Tournay. Dès lors, Brunehaut se trouve à la merci de sa rivale, qui la fait reléguer à Rouen. A l'occasion de son passage à Paris, Mérovée, fils de Chilpéric, en tombe éperduement amoureux et profite de la première occasion pour la rejoindre dans son exil ; il en arrive même à l'épouser, malgré que ce fût sa tante. A cette nouvelle,

Frédégonde part furieuse pour punir les coupables; elle fit enfermer son fils dans un cloître et donne l'ordre d'assassiner l'évêque Prétextat qui avait béni cette union (586).

Au milieu de ces temps troublés, naquit à Wy dit Joli-Village un futur titulaire au siège épiscopal de Rouen, saint Romain, qui y marquera son passage par l'assainissement du quartier malpalus, cloaque pestilentiel de la ville. Un autre enfant du Vexin, saint Ansbert, successeur de l'archevêque saint Ouen, naît aussi à Chaussy, vers l'an 650.

Chilpéric avait péri assassiné en 584, au retour d'une partie de chasse à Chelles. Ce crime permit à Frédégonde de profiter du jeune âge de son fils Clotaire II pour s'emparer du pouvoir qu'elle gardera jusqu'à sa fin, en 597; dès lors, Clotaire peut arriver au libre exercice de ses droits, dont il use, en l'année 613, pour faire comparaître la reine Brunehaut, âgée de 70 ans, à son tribunal; il lui reproche ses luttes avec la reine Frédégonde et la condamne à un affreux supplice. Cette exécution, suivie du massacre des petits-fils de cette malheureuse reine, devait assurer à Clotaire la possession du royaume d'Austrasie et le rendre seul chef des Francs.

Clotaire II aimait le séjour de *Stirpiniaco* (Étrépagny), où il approuva, en 620, les donations faites à l'église de Saint-Denis par les seigneurs Chrodegaire et Jean. Son fils Dagobert, lui succédant en 628, se distingue par sa sollicitude pour l'abbaye de Saint-Denis, qu'il enrichit de nombreux dons. Dès l'année 630, il lui remet la terre d'*Esterpiniacum situm in pago Vulcasino*, et pour attirer la protection du saint martyr sur la province du Vexin, il y ajoute les terres de *Sartum* (Chars), de *Cergiaco* (Cergy) et d'*Ispaldis* (Épiais)[1].

Comme nous l'avons déjà fait remarquer, ces dons reportèrent la limite ou frontière septentrionale du Vexin au ruisseau du Sausseron, affluent de l'Oise.

---

1. *Histoire de Saint-Denis*, par dom Félibien.

Dans le but d'étendre cette protection à tous ses États, le roi Dagobert dépose l'oriflamme ou bannière royale sur l'autel de Saint-Denis, en réservant aux chefs du Vexin le privilège de la porter dans les guerres et cérémonies.

Après avoir confié le gouvernement de la Neustrie à Aiga, futur ministre ou maire du palais de son fils Clovis II, Dagobert s'éteint en 638. Dès 640, Erkinoald succède à Aiga, pour laisser, en 659, cet honneur à l'austrasien Ebroin qui, de caractère vindicatif et cruel, froisse les leudes ou grands du royaume. Les mécontents, conseillés par saint Léger, lèvent le bouclier et le chassent en 670; il ressaisit le pouvoir en 675, pour périr assassiné en 681.

Pendant ces démêlés, Fraëric, seigneur de Fleury-la-Forêt, fonda, en 674, à *Saltidus villa* (Saussay, près Ecouis), une succursale de l'abbaye de Saint-Vandrille de Fontenelle, à laquelle il donna l'église Notre-Dame de Fleury et les terres de *Magaliaco villa* (Magny), d'*Arediarium* (Arthieul), de *Bisagum*, appelée plus tard *Bacium* ou *Bacivum* (Bézu-la-Forêt)[1].

Le roi Clovis II, décédé en 656, avait accordé à l'archevêque saint Ouen de Rouen la fondation de l'abbaye de Jumièges, à laquelle la reine Bathilde, sa veuve, retirée au manoir d'Étrépagny, fit, en 685, le don de la terre de *Genestevilla* (Génainville[2].

Déjà les princes mérovingiens, successeurs de Clovis II, négligeaient de plus en plus leur pouvoir pour ne songer qu'aux fêtes et cérémonies, aussi le chef des leudes d'Austrasie, Pépin d'Héristal, ayant remporté, en 687, la victoire de Testry sur les Neustriens, s'empare du poste de maire du palais, dans lequel il saura montrer une grande capacité.

Pour donner une preuve de son zèle religieux, le roi Thierry III, suivi de toute sa cour, accompagne, en 689, jus-

1. Dom Toussaint du Plessis.
2. Ord. Vital.

qu'aux bords de l'Oise le corps de saint Ouen, ancien ministre de Dagobert, décédé à Clichy-lès-Paris et transporté processionnellement à Rouen.

L'influence du clergé augmentant sans cesse, bien des riches sentiront la nécessité de se le rendre favorable par de nombreux dons. Un seigneur d'*Artegia villa* (Arthies) lègue, en 690, à l'abbaye de Saint-Denis ses propriétés s'étendant jusqu'à l'église de *Chrausobaco* (Chaussy), ses métairies de *Sociaco* (Issou), de *Porcariorum* (Porcheville), de *Ghimachario* (Gargenville), de *Warniaco* (Guernes), et de *Turliaco villa super flumen Turine* (Tourly-sur-la-Troësne). Dans cette même année, Vandemir, seigneur de Chambly, et Eramberte, sa femme, donnent à l'abbaye de Fontenelle la terre de *Badenaco* (Beaudemont); à l'église d'Amblainville, la terre de *Noviliaco* (Neuilly); à l'église d'Épiais, divers biens sis en ce lieu; et à l'abbaye de *Portmauro* (Portmort), dont *Almaricus* (Amaury) est supérieur, diverses terres situées à *Maceriaco* (Mézières-sur-Seine)[1].

A la mort de Pépin d'Héristal, en 714, sa seconde femme Plectrude aurait voulu faire passer les titres de duc de Neustrie et de maire du palais sur la tête de son petit-fils Théodebald; cela, au détriment de Charles, fils de la première femme, Alpaïde; de leur côté, les Neustriens désiraient conserver Ragenfred, le chef qu'ils s'étaient choisi; d'où des hostilités, dont Charles aura raison, par la victoire de Soissons (719).

Pour récompenser ceux qui l'avaient aidé dans cette revendication, Charles Martel divise la Neustrie en autant de comtés qu'il y avait de chefs dans son armée, et dans une distribution, réglée en 725, à Quercy-sur-Oise, il donne le comté du Vexin au leude Wittram. Celui-ci choisit pour résidence la villa Sainte-Clotilde d'Andely.

Ce comté aura pour symboles, le lion et le léopard; plus

1. Dom Félibien, *Hist. de Saint-Denis*.

tard, il aura pour armes, six fleurs de lys d'or, posées 3, 2, 1, sur champ de gueules.

Par sa victoire de Poitiers sur les Sarazins (octobre 732), Charles Martel s'était acquis des droits à la reconnaissance de tous les Français, ce dont il aurait pu profiter pour s'emparer de la couronne, mais il préféra réserver cet honneur à son fils Pépin le Bref, et mourut simple duc en 741.

ÉPOQUE CARLOVINGIENNE

Pépin le Bref s'empare de ces projets audacieux. Pour faciliter leur réussite, il charge saint Boniface, apôtre de la Germanie, d'en référer au Pape, et promet, s'il devenait roi de France, de faire obtenir au Souverain Pontife la portion de l'Italie qui forma les États de l'église; déclarés ensuite patrimoine de Saint-Pierre.

Ces premières ouvertures ayant été accueillies favorablement, Pépin donne une preuve de ses bonnes dispositions pour le clergé, en confirmant, en l'an 750, à la toute puissante abbaye de Saint-Denis la possession des terres de *Guariaco* ou *Wariaco* (Guiry), d'*Atiliaco* ou *Artiliaco* (Arthies), de *Nialla* (Nesles), de *Cambliacinse* (Chambly), de *Childriacum* ou *Childriaca* (Cergy), de *Bacino* ou *Bacivo* (Bézu), de *Bodalcha* ou *Bodalca* (Le Bellay), de *Malcha* ou *Malchis* (Marquemont), et de *Verno* (Vernon).

Afin de donner un semblant de légalité à l'acte de violence qui s'imposait pour arriver au trône, Pépin fait poser au pape Zacharie cette question: « Quel est le véritable roi, de celui qui en a le titre ou de celui qui en a la puissance? » La réponse faite à l'abbé Subrade et à l'évêque Burcard, lui permit d'enfermer Childéric III au couvent de Saint-Omer, et de se faire sacrer roi par saint Boniface dans l'église de Soissons, en 752.

Son frère Grippon n'ayant eu en partage que le duché du Maine et douze comtés, dont celui du Vexin, en Neustrie, veut élever de plus grandes prétentions; il prend les armes pour les soutenir, mais est tué en 753, à la bataille de Saint-Jean-de-Maurienne.

Dès lors, Pépin donne le comté du Vexin à Romuald, ancien compagnon d'armes de son père Charles Martel. Pour se rapprocher de Paris, celui-ci établit sa résidence au *Castrum-Belgarum* du *Briva-Isaræ;* ce qui permet à l'archevêque Rainfroid, chassé de Rouen, de chercher un refuge dans la villa de Sainte-Clotilde d'Andely, où il termine ses jours en 754.

Le pape Étienne II étant venu en France demander la réalisation des promesses de Pépin, celui-ci en profite pour se faire sacrer de nouveau, et même sa famille, en l'église de Saint-Denis.

A la mort de Romuald, en 764, le comté du Vexin passe à Nibelung Ier, fils de Childebrand et neveu de Charles Martel.

Sentant diminuer ses forces, Pépin songe à assurer sa sépulture dans la basilique de Saint-Denis; dans ce but, il fait de nouvelles donations à l'abbaye, savoir : les terres de *Villarcellum* (Villarceaux) et de *Villare* (Villers) [1].

En l'an 768, il a pour successeur son fils Charles, prince d'une haute capacité qui, par ses victoires, par l'institution des écoles et par la rédaction des Capitulaires, méritera le titre de *magnus* ou grand.

Sous ce règne, en 780, une terrible inondation emporte le vieux pont en bois de l'Oise [2]. A cette même époque, un

1. *Hist. de Mantes*, par Armand Cassan.
2. Des travaux de dragage, exécutés en 1680, par les ordres du cardinal de Bouillon, pour éloigner les bateaux de la terrasse de son château de Saint-Martin-lès-Pontoise, ont fait retrouver les fondations de ce pont. On y recueillit des objets d'antiquité et des monnaies romaines. A l'occasion de l'embellissement de cette propriété, une assez grande section de la voie de Jules César fut englobée dans le parc.

parent du comte Nibelung Ier, du nom de *Warnerius* (Garnier), qui doit être regardé comme la souche des comtes de Meulan, fonde sur la rive gauche de la Viosne la *Basilica San Melloniana abinitio monachi Benedictini*; premier noyau du *Pontem Isaræ*. Nous devons saisir cette occasion pour rappeler que les habitations primitives du *Briva Isaræ* étaient sur le bord de la chaussée de Jules César; par conséquent, sur la rive droite de la petite rivière [1].

Avec l'autorisation de Charlemagne, le comte Nibelung Ier donne en 781-783 le village de *Souarciaga super fluvium Itta* (Saussart-sur-Epte près Sérifontaine), à l'abbaye de Saint-Denis [2].

Ce comte du Vexin s'éteignit en 796 au moment où Charlemagne se trouvait informé de l'apparition des premières barques normandes sur les côtes de la Neustrie. Le pressentiment des malheurs qui devaient résulter de cette nouvelle invasion jeta un tel trouble dans les esprits que les chefs de la province du Vexin, Ruférus, puis Raignault, ensuite Gailenus, tous trois seigneurs de Cormeilles, passèrent presque inaperçus.

A la mort de Charlemagne (28 janvier 814), ces bandes de pirates qui, trop à l'étroit dans leur pays d'origine, la Scandinavie et le Danemarck, cherchaient à envahir des contrées plus riches pour les piller et les rançonner, s'avançaient déjà en troupes plus nombreuses. On les désignait sous le nom de *North-mans* (hommes du Nord), et leur aspect était si redoutable, que partout les habitants fuyaient à leur approche. Au lieu de les repousser par les armes, Louis le Débonnaire a la faiblesse de transiger avec eux par des sacrifices d'argent, ce qui allait les rendre plus avides et plus hardis.

Ils trouvaient, du reste, de quoi prendre dans les maisons

---

1. *Antiq. de Pontoise*, par André Duval, 1720.
2. Lévrier, vol. XI, f° 31, d'après dom Bouquet.

religieuses, déjà nombreuses, si nous en jugeons par un état dressé en 832, sur les ordres de Hilduin, abbé de Saint-Denis. Pour le Vexin seulement, nous y relevons les monastères de *Vuascone villa* (Vallengoujard), *Salice* (Sailly), *Braogilo* (Brueil), *Blanziaco* (Bréançon), *Alnido* (Osny), *Fraxnido* (Fresnes), *Nova villa* (la Villeneuve), *Leudone curte* (Liancourt), *Arniaco* (Ennery), *Melniaco* (Meulan), *Rosnino* (le Rosnel), *Cormiliis* (Cormeilles), *Latuero* (Livillers), *Villerolo* (Hérouville), *Villare* (Villers), *Latiniaco* (Latainville), *Masciaco* (Moussy), *Linerolas* (Lainville), *Fericiaco* (Frémécourt, *Niriaco* (Nucourt)[1], *Murnum* (Méré-Villarceaux), *Tossonisvalle* (Tessancourt), *Termeriacocurte* (Théméricourt), *Stirpiniaco* (Étrépagny), *Bugris* (Boury), *Balniaco* (le Bellay), *Drauciaco* (Drocourt), *Pantloso* (Banthélu), *Maco* (Marquemont), *Curviniolo* (Vigny), *Vuairiaco* (Guiry), *Montejocundiaco* (Montjavoult)[2].

En 843, une bande de Normands, conduite par Biert, dit Coste-de-Fer, remonte la Seine en ravageant ses rives. À la nouvelle de ces dévastations, les religieux de Gasny s'empressent de transporter leurs reliques des saints martyrs dans le prieuré fortifié de *Melniaco*, situé dans l'île du long Boël.

Charles le Chauve finit par reconnaître que les temporisations ne servant à rien, il faut se décider à stimuler la résistance locale. Dans ce but, il nomme, en 853, des *missi* ou commissaires de district, chargés de renseigner les populations et de multiplier leurs moyens d'action. La région de *Parisiaco* (Île-de-France), comprenant les comtés de *Melciano* (Meaux), *Silvanectensi* (Senlis), *Vircasino* (Vexin), *Belvacense* (Beauvais),

---

1. En nous basant sur un extrait très incomplet de cet acte donné par Lévrier, nous avions fait au monastère de Nucourt l'application du nom de *Nucitum*, que nous avons reconnu depuis pour Noisy-sur-Oise. *Niriaco*, étant un composé des mots celtiques, *ni* force, *ria* auprès, *co* élévation, désigne on ne peut mieux la position du monastère de Nucourt *auprès d'une colline fortifiée*, le camp de César. Par transposition, *Niriaco* est devenu *Ni-co-ria*, d'où *Niukora*, *Nuiecuriam*, *Nuescort*, *Neucourt*, *Nucourt*.

2. Dom Félibien, *Hist. de Saint-Denis*, p. 72-73 et 93-94.

Vindoiliso (Vendeuil-Oise), fut placée sous la direction de *Ludovicus abbas* de Saint-Denis, *Yrmenfridus episcopus* de Beauvais, et d'*Ingelvinus* (Eudes, fils de Robert le Fort, regardé lui-même comme fils de Wittikind, roi des Saxons). Après le pillage de Jumièges, l'abbé Gotselmus (Gosselin) vint se joindre à eux [1].

Une nouvelle troupe de Normands, sous la direction de Woland, s'avance par la Belgique jusqu'à Noyon, puis se replie vers le Nord pour reparaître à l'embouchure de la Seine qu'elle remonte jusqu'à Rouen et Paris. Cette dernière ville se trouve pillée dans les années 856, 858 et 861. En 862, Robert le Fort poursuit les Normands dans les plaines de la Brie et leur inflige une sérieuse défaite.

Dans cette même année, Warnerius *viro illustri*, descendant du comte Garnier de Meulan, échange avec Gauzlinus *reverend' abbati* de Jumièges, des terres sises à *Halulfo villare* (Houville près les Andelys) contre celles de *Rupe* (la Roche-Guyon) [2].

Le comte Nibelung II, petit-fils de Nibelung Ier et fils de Childebrand II, est revêtu de la dignité de comte du Vexin en 864; auquel titre il contre-signe une donation faite par Charles le Chauve à l'abbaye de Saint-Denis, d'un bien situé « in pago Vilcasino in loco qui dicitur Pontisaræ quæ determinatur ab uno fronte per vico publico (*chaussée de Jules César*) ex altera vero fronte et uno-latere terras Sancti Georgii Calensis, monasterii, » (terres appartenant au monastère de Saint-Georges en Caux, fondé près de Saint-Martin de Boscherville, entre Rouen et Duclair, puis élevé au rang d'abbaye en 1060), « et ab altero latere fluvii Isaræ » (la rivière d'Oise) [3]. Pour juger de l'importance de cette donation,

---

1. *Capit. Baluz,* t. II, p. 68.
2. Lévrier. vol. XI. f° 48, d'après Mabillon.
3. Dom Félibien, *Hist. de Saint-Denis.*

nous avons recherché les églises des environs de Pontoise sous le vocable de saint Georges; le pouillé de l'archevêché de Rouen (1164-1306), indique celles de Saint-Cyr, du Heaulme et de Menouville.

Toujours en mouvement, les Normands ne cessent de faire de nouvelles irruptions. En 865, ils apparaissent dans l'Ile-de-France et, en 876, dans la Picardie. Cette dernière invasion, commandée par Sidéric, est si considérable, que les habitants, dirigés par l'évêque Ottilphus et l'abbé Gosselin, fuient à son approche. Cependant les comtes Aledranus (Alexandre), Abélard, Bernard, Ebroin, Régnier et Jérôme cherchent à lui couper le chemin de Pontoise et de Paris; ils marchent à sa rencontre sur la voie de Beauvais et se retranchent au camp de Nucourt; mais attaqués par des forces supérieures en nombre, ils sont écrasés et forcés de se rendre; les comtes Régnier et Jérôme périssent dans la mêlée. « ..... Fuerunt in ipse congressione occisi Ragenarius et « Hyeronimus comites et multi alii, capti autem in eodem « campo, Ottilphus episcopus, Gauzlerus abbas, Aledranus et « Adalardus, Bernardus et Ebroinus comites et plures alii[1]... »

Ce vicomte Alexandre avait contre-signé, en 868, avec son père, Nibelung II, et son parent Gailone (Garnier de Meulan), un jugement rendu par Charles le Chauve en faveur de l'abbaye de Saint-Denis. Le 1er mai 878, il céda à cette même abbaye des terres sur les rives de l'Oise, qu'il tenait du roi Louis le Bègue, auquel on attribue la construction de la Tour au Bègue ou fort de Calvomontis (Chaumont)[2].

Malgré les dévastations des Normands, le roi Carloman ne pouvait se priver du plaisir de la chasse. Il fut ainsi blessé dans la forêt de Bézu et transporté à la villa d'Andely, où il mourut après sept jours de grandes souffrances (884). Peu de

---

1. *Ann. S. Bertin et Aimon*, lib. V, p. 685.
2. Dom Doublet, *Hist. de Saint-Denis*.

temps après, l'archevêque Evode fut obligé de s'y réfugier et y rendit son âme à Dieu le 8 octobre [1].

Pour éviter à sa capitale une surprise par la vallée de l'Oise, le roi Charles le Gros charge le comte Alexandre d'y élever un château fort, capable de barrer le passage aux Normands; celui-ci choisit comme emplacement le rocher dominant le fleuve, dans les dépendances de l'abbaye de Saint-Mellon, qu'il relie à l'autre rive par un pont en pierre, de douze arches. Aussitôt que les travaux de construction sont terminés il en reçoit le commandement. « ..... Franci munitions et « construunt castrum statuunt super Isam in loco qui dicitur « ad Pontem isaræ quod Aletrano committunt ad custodien- « dum [2]. »

Le vicomte Alexandre n'avait pas encore complété sa garnison que déjà une nouvelle invasion de Normands, sous les ordres de Siegfried, débouche par la vallée de l'Oise; aussi, il est obligé de se retirer, par la voie de *Petromantalum*, sur Beauvais. Les Normands profitent de son absence pour détruire le château fort de Pontoise, et continuent leur marche sur Paris.

Aussitôt leur départ, le vicomte Alexandre fait réparer les dégâts commis à son œuvre, auxquels travaux il se livrait, lorsque son père, Nibelung II, mourut en 885.

Toutes ces incursions de Normands causaient de telles paniques que les riches se mirent à fortifier leur demeure; il y eut ainsi quantité de châteaux forts élevés dans le Vexin. La sécurité qu'on y trouvait fit qu'à l'approche d'un corps ennemi, les châtelains admettaient dans leur enceinte les familles, le bétail et les récoltes de leurs voisins. De là, un ascendant qui en fera les seigneurs.

Sous le coup des mêmes frayeurs, les habitants de l'ancienne *Briva-Isaræ*, dont le castel détruit par les Normands n'avait

---

1. *Hist. des Andelys*, par Brossard de Ruville, p. 317.
2. Dom Bouquet, t. VIII, p. 84.

pas été reconstruit, s'empressent de quitter leur coteau de Saint-Martin pour se rapprocher du *castrum Pontem isaræ*, sur l'autre rive de la Viosne. Les paysans abandonnent de même leurs demeures disséminées dans la campagne pour se grouper autour du manoir fortifié le plus rapproché de leur exploitation. Ces agglomérations, avec une église, forment le village. Celles sans église seront les hameaux dépendants de la paroisse que touche leur terroir. Il y eut ainsi un déplacement général qui nous explique l'origine de quantité de fondations de bâtiments anciens se trouvant au milieu des champs.

L'importance bientôt acquise par les propriétaires des châtellenies ne tarde pas à les faire intervenir comme témoins dans les actes publics ou privés; mais on ne portait alors que le seul nom de baptême, d'où des confusions et difficultés auxquelles on ne put obvier qu'en ajoutant à leur prénom la mention de leur fief, devenu héréditaire. Ainsi se formèrent les premiers titres de noblesse. Exemple : Girardus de Carz, Haymardus de Banterlu, Herbertus de Bugris, Herici de Medanta, Robertus de Maldestor, Herbelinus de Rupe, etc.

En l'année 890 [1], arriva par la vallée de la Seine une avalanche de Normands, plus importante que toutes les précédentes. Commandés par Hrolf ou Rollon, ces envahisseurs se montrent plus terribles et plus sanguinaires que leurs devanciers; ils dévastent tout sur leur passage. Les habitants qui n'ont pu se réfugier à temps dans les enceintes fortifiées, sont obligés de se cacher dans les bois; les ruines s'amoncellent de toutes parts; la peste et la famine moissonnent ceux que les massacres ont épargnés; la désolation est à son comble : plus d'industrie, plus de commerce, ni de culture. N'ayant rencontré aucune résistance, ces rustres s'établissent en maîtres dans un pays presque abandonné. La ville de Meulan, leur ayant fermé ses portes, est prise d'assaut, et son

1. *Hist. de Normandie*, par Toustain de Richebourg, p. 84.

seigneur Ragnoldus (Raignault), probablement fils et successeur de Warnerius, est tué (896).

Tout tombe dans un si grand désarroi, qu'à la mort du comte Alexandre (905), aucun de ses trois fils, Aymon, Dagobert, Archambault, n'ose prendre la direction du Vexin; dès lors le comte Eudes, l'un des *missi Parisiaco*, y installe son frère Robert, surnommé l'Abbé.

Charles III, dit le Simple, est si vivement affecté des malheurs qui frappaient son royaume, que ne pouvant faire résistance par les armes, il charge l'archevêque Francon de Rouen de négocier avec ces Vandales, qui demandent la possession d'un territoire. Les débats sont d'autant plus laborieux que le roi veut limiter sa cession à la rivière d'Andelle et queRollon exige le pays jusqu'à l'Oise. On finit par s'entendre sur le moyen terme, à l'Epte, et l'on convient de sanctionner le traité dans une entrevue solennelle, fixée sur cette limite, à Saint-Clair (912) [1].

Au jour désigné, le roi de France apparaît sur la rive gauche de la rivière, en compagnie du chef du Vexin Robert avec bon nombre de troupes; Rollon à la tête de ses guerriers, se trouvait sur la rive droite. La cession de la partie convenue de la Neustrie fut consentie, sous la réserve d'hommage à la couronne de France, et il y eut accord pour le mariage de Gisèle, fille de Charles le Simple, avec Rollon, devenant duc de Normandie. Comme acte de soumission, le chef normand devait baiser le pied du roi, ce à quoi il se refuse obstinément; aussi, tout faillit être rompu, quand lui vint l'idée d'en charger un de ses guerriers; celui-ci s'en acquitta de si mauvaise grâce, que le roi de France aurait pu s'en trouver offensé; il eut le bon esprit d'en rire.

Cette cession de territoire allait couper le Vexin en deux parties à peu près égales; dont l'une, ville principale Pon-

---

1. *Hist. de Normandie*, par Goube, p. 66.

toise, fut appelée Vexin français; et l'autre, ville principale Andely, reçut la désignation de Vexin normand. Comme les chefs souverains de chacun de ces districts devront toujours convoiter la part du voisin, il en résultera trois siècles de luttes sanglantes. Par suite, les deux rives de la rivière d'Epte seront hérissées d'une série de châteaux forts, dont nous voyons encore les ruines imposantes. Il y eut ceux de Sérifontaine, Trie, Chaumont, Lalainville, Delincourt, Courcelles, Boury, Saint-Clair, la Roche-Guyon, Vétheuil, pour défendre le côté français; Gisors, Neaufle, Dangu, Fuscelmont (Château-sur-Épte), Gasny, pour couvrir le côté normand.

En homme intelligent, Rollon profite d'une fortune si inespérée pour organiser son nouvel État avec sagesse et se fait baptiser chrétien; lequel acte sera imité par un grand nombre des siens. Tout en montrant une grande fermeté, il édicte des lois si justes et fait preuve d'une telle capacité, que ses sujets prennent confiance et se remettent au travail. Les villes et les campagnes effacent leurs ruines, la prospérité générale ne tardera pas à renaître.

Le comte Robert se voyant lésé dans la perte de la moitié de sa province du Vexin, réclame une compensation; comme on tarde à la lui accorder, il tourne les armes contre son souverain, mais est tué dans un engagement près de Soissons, en 923. Son fils Hugues le Grand continue les hostilités et réussit à s'emparer de la direction du royaume, dont il dispose en faveur de son beau-frère Raoul de Bourgogne. Charles le Simple meurt dépossédé en 929, et Raoul ne lui survit que quelques années. Ce dernier ne laissait point d'enfants, et Hugues le Grand, étant peu soucieux de prendre lui-même la couronne, se voit obligé, en 936, de rappeler d'Angleterre, le prince Louis, fils de Charles le Simple.

Pendant le cours de ces événements, Guillaume Longue Épée avait succédé, en 927, à son père, Rollon. Esprit frivole, il ne songeait qu'à des parties de chasse dans la forêt de

Lyons; auxquels plaisirs, il invitait souvent son ami Hugues le Grand. Louis IV, d'Outre-mer, se promettait déjà de mettre cette insouciance à profit, lorsque survint l'assassinat du duc Guillaume (943), ne laissant qu'un fils de dix ans, Richard, pour lui succéder.

Sous prétexte de se charger de l'éducation de ce jeune prince, le roi de France le fait conduire à Laon; mais son précepteur Osmond de Contreville usera de stratagème pour l'en faire sortir et le mettre en sûreté au château de Coucy (Aisne). A cette nouvelle, Louis IV manifeste son mécontentement par une déclaration de guerre à laquelle Harold, roi de Danemark, prendra part dans l'intérêt de son jeune cousin. Les hostilités se terminent par la reconnaissance de Richard comme troisième duc de Normandie, et l'approbation de son mariage avec Edma, fille de Hugues le Grand (946).

Louis IV meurt le 10 septembre 954; le comte Hugues le suit de près (16 juin 956).

Désireux de se rapprocher du duc Richard, le roi Lothaire lui fait proposer une entrevue à Saint-Clair-sur-Epte, laquelle cérémonie est troublée par une querelle de soldats. Les deux princes, tenant à honneur de soutenir la cause des leurs, se séparent très irrités (961). De nouveaux secours du roi de Danemarck permettent à Richard Sans Peur de répondre aux provocations du roi de France, et leurs démêlés ne prennent fin que par le traité de Jeufosse (968).

L'Abbaye de Saint-Denis ayant profité de cette réunion pour réclamer la sanction du don de la terre de *Bernevallis* (Bernouville) qu'elle tenait de la libéralité du duc Rollon, les princes et seigneurs assemblés déclarent qu'une enquête sur les lieux serait nécessaire; et l'abbaye obtint gain de cause dans une nouvelle conférence, tenue à Gisors *(Gisortis dlacito)*, sous la présidence de Hugues-Capet, comte de Paris et ministre, à laquelle assistèrent : Thibault, comte de Chartres; Gauthier, fils de Waléran, comte du Vexin; Payen de

Neaufile; Yves, arbalestrier du roi; Albert, comte d'Orléans, représentants français; Hugues, archevêque de Rouen; Raoul, comte d'Ivry; Osmont de Contreville; Turnulphe de Pont-Audemer; Osborne, Sénéchal, Turstin de Bettembourg, conseillers du duc de Normandie [1].

Nous devons faire remarquer que depuis la mort d'Aledranus ou Alexandre, le comté du Vexin n'avait plus eu de chefs résidents. Les fils de ce comte s'étant mis sous la protection de leurs parents de Meulan, le château de Pontoise avait été placé sous le commandement d'un lieutenant du comte de Paris; mais ils n'étaient pas restés complètement inactifs; entre autres Waleran, un petit-fils, s'était employé à la reconstruction du fort de Meulan, détruit par Rollon, en 896. Ce comte Waleran épousa Hildegarde, comtesse d'Amiens, qui, devenue veuve en 961, retourna au château de Pontoise *(in Pontisara castro)*, où elle signa, en 981, l'acte de donation de la terre de *Guntherii villa* (Gondrécourt) à l'abbaye de Saint-Père-lès-Chartres, et cela, avec l'assentiment de son fils Gauthier, qui reprit le titre et les prérogatives de comte du Vexin. Cet acte fut approuvé par *Hugonis ducis* (Hugues-Capet) [2].

Sous l'autorité de ce comte Gauthier *(Walterus comes Vilcassini)*, marié à Edith, sœur du roi d'Angleterre Edouard II le Martyr, l'abbé Gilbert de Saint-Pierre-en-Vallée cède, en 986, au comte Vibert et à sa femme Agathe, probablement seigneurs d'Hardeville, des biens dépendant de l'abbaye Notre-Dame édifiée à *Avangliam* (Auvray) *in loco qui vocatur altera villa* (dans le lieu désigné autre ville, d'où Hardeville, nom du hameau de la commune de Nucourt) [3].

Après le départ de la famille du comte Waleran, Robert Ier, descendant de Ragnoldus, avait repris la direction de son comté de Meulan. Son premier soin fut d'étendre l'enceinte fortifiée

1. Dom Bouquet, *Hist. de France*, t. IX, p. 731.
2. *Cart. S. Petri, in Vall. Carnotens.*
3. *Gal. christ.* 83, t. XI.

renfermant la chapelle Notre-Dame, dépositaire des reliques de saint Nicaise et de ses compagnons ; ce comte mourut en 990 pour laisser son héritage à son fils Robert II, marié à Alix, fille du comte du Vexin Gauthier II, dit le Blanc. Cette princesse lui avait apporté en dot le territoire limité par la Seine, l'Oise, la chaussée de Jules César et l'Epte.

L'autre portion du Vexin français, au nord de ladite chaussée, fut la part de Drogon ou Dreux, fils aîné du comte Gauthier II, et donna naissance au comté de Chaumont *(Droconis comitis Calvomontis)*.

Par suite de l'effacement dans lequel se plaisaient les derniers rois carlovingiens, nous les verrons bientôt supplantés par leur maires du palais. Après la mort de Lothaire, en 986, son fils Louis V n'eut qu'un règne insignifiant, de la durée d'un an. Le prince Charles de Lorraine, oncle de ce dernier et unique héritier de la couronne, était si discrédité qu'il n'osa même pas faire valoir ses droits au trône.

ÉPOQUE CAPÉTIENNE

Hugues-Capet, fils de Hugues le Grand et descendant de Robert le Fort, profite du mécontentement général pour s'emparer du trône (15 mai 987). Ses fonctions de ministre ou de directeur des affaires lui ayant donné une certaine autorité, il lui suffit de gagner les faveurs du clergé par quelques largesses et de flatter la vanité des grands feudataires en les créant pairs du royaume, pour arriver à se faire sacrer roi à Reims.

Son premier soin sera d'affaiblir les nobles ducs et barons, en excitant leur rivalité, laquelle tactique lui permet d'assurer la succession au trône à son fils Robert, qui l'occupera en 996.

Dans cette même année, le prince Richard II, dit le Bon, devient duc de Normandie à la mort de son père Richard

Sans Peur. L'année suivante, 997, le comté de Meulan passe par succession à Hugues Ier à la Tête d'Ours, fils de Robert II. Ce comte Hugues assiste, en 998, avec ses fils Godfridus, Radulfus et Walterus, en présence du comte du Vexin Gauthier II, à la rédaction, à Compiègne, d'un acte de donation aux religieux de Saint-Valéry.

On était alors à la veille d'un événement sans précédent dans l'histoire. L'approche de l'an mil, que le peuple ignorant regardait comme la date fatale de la fin du monde, glaçait d'effroi tous les faibles d'esprit. Loin de les désabuser, le clergé exploite cet affolement en rappelant à tous les mortels qu'ils doivent songer à leur salut, et en insinuant que le moyen de retrouver beaucoup de satisfactions dans l'autre monde était de donner le plus possible à l'église dans celui-ci. Il s'en suivit un grand découragement, le travail fut abandonné, les terres restèrent en friches; la peste et une famine horrible en furent le résultat.

Lorsqu'au lendemain du jour tant redouté, on s'aperçut que toutes choses continuaient à suivre leur cours naturel, chacun reconnut son erreur et voulut se remettre au travail; mais on s'était dépossédé. Beaucoup de malheureux n'eurent d'autre ressource que d'entrer dans les ordres. Les communautés disposant ainsi de grands moyens d'action, s'empressèrent de déployer toute l'activité nécessaire pour remettre les terres en culture, relever les locaux que les Normands ont détruits et multiplier les monastères, couvents ou prieurés.

Afin de les aider dans cette œuvre de réparation, le comte Dreux renouvelle, en 1016, aux religieux de Jumièges, le privilège d'exemption de droits sur leurs bateaux passant à Mantes et à Pontoise ; laquelle faveur, accordée par son père, il étend aux moines de *Gisei* (Juziers) pour le service de leur abbaye, fondée en 1011-1015, par les bénédictins de Saint-Père-en-Vallée sur les terres que ce comte leur avait données. Tedwin, vicomte de Meulan, consent à ces derniers un droit de pâture, lequel acte, fait en 1032, est contre-signé par Herbelinus de Rupe[1], probablement le seigneur fondateur du château de la Roche. En 1058, Guidol Ier de Rupe, sans doute, fils et successeur d'Herbelinus, accorde à ces moines de Juziers la franchise du passage de leurs bateaux dans son ressort.

Sous la protection d'Almaricus et de Warnerius de *Pontesere*, tous deux fils du comte Dreux, l'abbaye de Saint-Germain-des-Prés fonde celle de Saint-Germain, plus tard Saint-Martin de Pontoise, sur l'emplacement de l'ancien *Castrum Belgarum* du *Briva Isaræ*. Saint Gauthier est désigné, vers 1060, comme son premier abbé. Les Bénédictins fondent de même l'abbaye de Saint-Pierre de Chaumont-en-Vexin.

Avec le secours du seigneur de Marines (celt. petit bois), un prieuré est bâti en ce lieu, pour être desservi par des religieux de l'abbaye de Saint-Vincent de Senlis (1065)[2].

Les archevêques de Rouen, Robert (989-1035), Maugar (1037-1055), Maurice (1055-1067), accordent chacun à son tour la franchise aux religieux de Saint-Père-en-Vallée de Chartres, sur leurs bateaux passant aux Andelys.

A la mort du comte Gauthier II, son fils Dreux eut la dignité de comte de Pontoise et du Vexin; il était alors uni à Godiove, cousine du duc Robert de Normandie, dont il eut quatre fils: Warnerius ou Galterius et Almaricus, déjà cités, Radulfus et Fulco. Par suite de son élévation au comté du Vexin, le comté de Chaumont était passé à son frère Willelmi Calvi, cité dans une charte de 1032; celui-ci paraît avoir eu trois fils : Walonis (Gauthier) vice comitis castri calidi

---

1. Divers auteurs, dont Dulaure, indiquent un seigneur Hilledouin comme fils du comte de Meulan Hugues Ier à la Tête d'Ours, qui lui aurait fait don de la terre de la Roche; ils ont dû le confondre avec Herbelinus dont l'existence est prouvée par cet acte de 1032. Il y a bien eu un seigneur Hilduinus (1060-1130) dont le fils Garnerius, *vice comes de Medunta* (Mantes), fut témoin en 1130-1134 à un acte de donation en faveur de l'abbaye de Saint-Martin de Pontoise.

2. *Description du Vexin*, par Pihan de la Forest.

mons, Roberti Calvi, surnommé l'Éloquent, et Odonis(Eudes); ils sont mentionnés tous trois comme témoins dans des chartes de 1059 à 1063. Walonis, dit Gauthier Tyrel, ayant hérité à son tour du comté de Chaumont, son frère Odonis prit le titre de vicomte, et semble avoir porté son activité du côté de Trie et Gisors. Ce dernier aura pour fils : Hugonis, Guifredus et Gualo de Calvomonte, plus une fille Rolande, mariée à Herbert le Bouteiller, parent par alliance du duc Richard II de Normandie, auquel elle apporta en dot le fief de Sérans et terres environnantes. Ce seigneur, fondateur du château de Sérans, contribuera à la construction de la chapelle Saint-Nicolas d'Heudicourt (la Chapelle-en-Vexin). Les descendants de Guifredus seront : Roger, seigneur de Boury, et Ingelrannus Acculeius, seigneur de Trie. Ce Roger aura pour enfants : Hubertus Bucellus, dont le fils, du même nom, entrera jeune à Saint-Martin de Pontoise, en 1100, et trois filles. Son frère Ingelrannus confirmera, en 1150-1158, des donations de biens à l'abbaye de Saint-Martin de Pontoise, en présence de Haymardusma lus filius, et semble avoir eu pour fils : Garnérius Acculei et Richard [1].

Après la mort de Walonis, le comté de Chaumont échut à son frère Robertus eloquens, ayant pour fils : Osmundis le Vieux, Waszo de Pexeio (Gaz de Poissy) et Rodbertus Belvacensis (Robert de Beauvais). Ce comte Robert l'Éloquent étant mort d'une chute de cheval, fut inhumé à Allieres (Laillerie près Chaumont), dans le prieuré des moines de Saint-Germain de Fly, et son comté passa à son fils Osmond.

Le seigneur Robertus de Pontesiaco qui, en 1118, fit une donation au prieuré de Liancourt, du consentement de Legardis, sa femme, et d'Yvo, leur fils, était sans doute le même que Rodbertus Belvacensis.

---

1. *Ord. Vital*, 1075-1141.

Dans le récit des événements à venir, nous retrouverons des descendants de ces diverses branches; nous les laisserons donc pour reprendre l'historique des autres grandes familles.

Richard II, duc de Normandie, s'étant éteint en 1026, son duché passa à son fils aîné Richard III, duquel il échut, en 1028, à Robert le Magnifique.

A la mort du roi de France Robert le Pieux, en 1031, la reine Constance, sa veuve, cherche à commettre un passe droit en faveur de son fils cadet Robert; ce que voyant, l'aîné, Henri, s'empresse d'implorer le secours du duc de Normandie, en lui offrant en retour l'abandon de certains districts du Vexin. Celui-ci, alléché par ces belles avances, envahit le Vexin, en poussant sa marche dans la direction de Beauvais, Senlis et Noyon; il commet partout de si grandes dévastations, que le peuple le surnomme « le Diable », lequel titre l'histoire lui conservera. Il ne calme sa rage de destruction qu'à la nouvelle de la mort de la reine Constance, et reçoit les districts de Chaumont et de Pontoise pour prix de ces effroyables services.

Pris de remords de tout le mal qu'il a causé à de paisibles habitants, le duc Robert le Diable pense devoir racheter ses fautes par un pèlerinage à Jérusalem. Après avoir confié son jeune fils Guillaume à son ami Henri Ier, roi de France, il se met en route, en compagnie du comte du Vexin Dreux. La mort les surprend tous deux dans ces lointains parages; Robert meurt à Nicée, en 1035, et Dreux le suit de près.

Hugues Ier, comte de Meulan, avait eu pour successeur, en 1015, son fils Walterus (Galeran Ier), qui, en 1050, assiste avec le nouveau comte du Vexin, Gauthier III, fils aîné de Dreux, à la translation des reliques du grand saint Denis.

Les fondations de prieurés et de monastères se continuant toujours avec ardeur, l'abbé Landry, supérieur des Bénédictins de Saint-Père-en-Vallée, obtient, en 1059, le concours de ce comte Gauthier III pour le relèvement de ses ruines du prieuré de Liancourt-Saint-Pierre [1].

Peu de temps après, en 1063, ce comte Gauthier III et sa femme, Biothe du Mans, meurent empoisonnés à Falaise; comme ils ne laissaient pas d'enfants, leur succession passe à leur frère Amaury de Pontoise, qui s'éteint aussi sans postérité. Par suite de ce manque de descendance, le comté du Vexin échoit à un autre frère, Raoul, marié à une comtesse de Bréteuil [2].

Ce comte Raoul Ier semble avoir fixé sa résidence à Mantes, dans laquelle ville il eut à soutenir l'attaque d'un seigneur normand, Hugues de Grandmesnil, assisté de son vassal Richard d'Heudicourt (la Chapelle-en-Vexin); cette tentative fut repoussée et ce dernier reçut une blessure dans le combat. Le comte Raoul avait deux fils, dont le plus jeune lui succéda sous le titre de Raoul II, et fit restituer aux religieux de Saint-Père-en-Vallée la terre de Genesth villa (Génainville), dont une dame Adèle, veuve de Hubert de Mantes, s'était emparée. De son mariage avec Aliénor il eut deux fils: Symon et Gauthier, plus une fille, Alix.

Symon, devenu comte du Vexin en 1070, épouse une vicomtesse de la Marche; mais, pris subitement d'une grande ferveur, ils entrent tous deux dans les ordres, dès le lendemain de leur mariage. Après la mort de Gauthier IV, resté célibataire, le comté du Vexin passe, vers 1086, à Alix, mariée depuis 1069 à Hébert IV, comte de Vermandois; de cette union, était née une fille Alix, mariée toute jeune à Hugues de France, troisième fils du roi Henri Ier.

Par ce mariage, la province du Vexin se trouvera réunie au domaine de la couronne, et les souverains en disposeront pour des apanages à leurs proches parents ou grands servi-

---

1. *Cart. S. Petri, in Vall. Carnoten*s.
2. *Ord. Vital.*

teurs privilégiés; ceux-ci s'y feront représenter par des vicrii (voyers, surveillants, prévosts). L'un des premiers, Hilduinus vicrius de Valle Tresne (Troësne), assiste vers 1100-1123 à la donation de l'église de Puteolis (Puiseux), consentie par Ita, femme de Foulque de Chaudry, à l'abbaye de Saint-Martin-lès-Pontoise. Vers cette même époque, Fulco vicrius, partant pour la Palestine, laisse ses biens à la même abbaye.

Henri Ier croit pouvoir profiter de la mort, si loin de France, du duc Robert le Diable, pour reprendre les districts qu'il lui avait cédés; il envahit le Vexin, où ses troupes sont battues à Mortemers-en-Lyons, ce qui l'oblige à respecter l'héritage du jeune duc Guillaume le Bâtard (1054). Parmi les prisonniers tombés au pouvoir des Anglais, se trouvait le comte d Meulan, Galeran Ier, qui, enfermé à Lisieux, forme le vœu, s'il recouvre sa liberté, de construire une église à saint Nicaise. Il a la satisfaction de pouvoir en commencer les travaux dès 1062. L'église de Saint-Nicaise de Meulan est consacrée en grande pompe le 28 octobre 1067, par les évêques réunis de Chartres, de Noyon, de Senlis et de Paris, en présence du roi Philippe Ier (qui avait succédé, en 1060, à son père Henri Ier), de Hugues, son frère, des abbés de Saint-Denis et du Bec, du duc d'Aquitaine, des comtes de Gisors, de Ponthieu, d'Aubergenville, de Beaumont, de Montmorency et d'un grand concours d'habitants de la ville et des environs.

Grâce aux privilèges exceptionnels attachés à cette fondation, il y aura des pèlerinages considérables, même des pays les plus éloignés. On laissait croire que le cor en ivoire du saint martyr avait le don de guérir de la surdité. Cette immense affluence de populations sera une source de prospérité pour la ville de Meulan, de richesse pour son clergé et de revenus pour ses comtes.

Enthousiasmé par la vogue de saint Nicaise, un ermite du nom de Saint-Gaucher, essaie de créer un autre lieu de pèlerinage à la Chartre, près de Juziers; mais son entreprise n'obtient aucun succès.

Galeran Ier, dont les armes étaient de sable au lion d'argent à la queue fourchée, et la devise « Plus d'honneur que d'honneurs », est pris du désir de divorcer avec sa femme Oda, qui lui avait donné cinq enfants. L'évêque de Chartres s'y oppose, mais Oda, froissée dans sa dignité, se retire à Pontoise. Ce comte meurt en 1069 et est inhumé dans l'église Saint-Nicaise qu'il avait fait bâtir. Son fils aîné lui succède sous le titre de Hugues II.

Une nouvelle cause de panique demandait alors une prompte solution; elle émanait des rixes sanglantes auxquelles donnait lieu la délimitation des droits entre les seigneuries. Ces querelles qui se vidaient en pleins champs, exposaient les paysans à des dangers journaliers et les empêchaient de sortir de leurs masures; la culture s'en trouvait entravée. Pour remédier à ces maux, le clergé eut l'idée généreuse d'intervenir et de faire accepter la « Trève de Dieu », qui réduisait au quart de leur nombre les jours où il était permis de se battre.

A ce moment, venait de se produire un événement des plus considérables qui élevait le duc de Normandie, vassal du roi de France, au rang de puissant souverain. En 1066[1], Guillaume le Bâtard avait réuni en conseil l'archevêque Maurille de Rouen, Hugues comte d'Eu, frère de Robert, évêque de Lisieux, Guillaume, évêque d'Evreux, Richard comte d'Evreux, fils de l'archevêque Robert, prédécesseur de Maurille, Robert comte d'Eu, fils de Guillaume de Grandmesnil, Hugues d'Ivry, grand échanson, Roger de Beaumont et Roger de Montmorency, pour leur exposer ses droits à la couronne d'Angleterre, dont Harold, fils de Godwin venait de s'emparer au mépris du testament d'Édouard le Confesseur, mort depuis peu. Après avoir exposé ses plans, qu'aucun de ses conseillers n'osa

---

1. *Ord. Vital.*

contredire, il réunit une nombreuse armée et, par de larges promesses, il décida les sires de Gouiis, de Rosny, d'Avernes, de Noyers, de Brianzon, Hugues de Mortemer, Dô de Saint-Clair, de Musgros, de Magny, de Chanteloup, Eustache d'Ambleville, de Bray, etc., etc., de prendre part à son expédition. A peine débarqué en Angleterre, il remporte, le 14 octobre, la mémorable victoire d'Hastings, qui lui permet de se faire couronner roi, le jour de Noël, à Londres [1].

Tous les chevaliers normands et du Vexin qui lui avaient prêté leur concours, sont récompensés par des parts territoriales en Angleterre, où l'on trouve encore aujourd'hui de leurs descendants. Il n'y a pas très longtemps qu'un lord d'Aincourt venait chaque année avec sa famille passer quelques mois au berceau de ses ancêtres, près Magny [2].

Le bourg de Gisors (*giz* habitation, *or* roc), encore peu connu, allait bientôt prendre de l'extension. Hugonis, fils d'Odonis, vicomte de Trie et Gisors, s'intitulant *milites* (chevalier) de Calvomonte, avait épousé Mehildis de Bodris (Boury), dont les parents étaient possesseurs de la terre de Gisors; il en eut quatre fils : Thibaut, Dreux, Hugues et Lambert. Cette famille fonda le prieuré d'*Audoenus* (Saint-Ouen) et l'église *Sancti Gervasii* et *Protasii* de *Gisorcium* pour les donner à l'abbaye de Marmoutiers, le 24 juin 1066; lesquels dons furent ratifiés, dès 1067, par l'archevêque de Rouen Jean II, et approuvés l'année suivante par Guillaume le Conquérant et la reine Mathilde, sa femme, alors en villégiature *apud Leons* (Lyons) *proxima Gisortis* [3].

Philippe Ier fit, en 1069, pendant un séjour à Pontoise, quelques dons à l'abbaye de Saint-Martin-sur-Viosne. Comme il était atteint depuis deux ans de fièvres pernicieuses dont ses médecins n'avaient pu le débarrasser, il eut l'idée de faire

1. *Hist. de Normandie*, par Gabriel du Moulin, p. 187.
2. *Hist, Canton de Magny*, par Feuilloley, p. 25.
3. Dom Mabillon, *Ann. Bénédict.*

un pèlerinage aux reliques de saint Josse en l'église Saint-Martin de Parnes; à laquelle il accorda, comme souvenir, une rente de 50 sols parisis et le droit de tenir une foire le troisième jour, ou mardi, de Pentecôte [1].

En 1077, le prince Robert Courteheuze, fils aîné de Guillaume le Conquérant, dont il avait l'esprit batailleur, se révolte contre son père et se déclare en guerre ouverte dans le Vexin; laquelle province devait bientôt se ressentir d'une complication plus grave, qui naîtra d'une simple partie d'échecs jouée au château de Conflans-Sainte-Honorine, entre Louis Thibaut, fils du roi de France, et Henri, second fils de Guillaume (1086). Le prince Louis s'emporte au point de lancer l'échiquier à la tête de Henri, d'où provocation et guerre qui réduit l'église et la ville de Mantes en un monceau de ruines.

Guillaume le conquérant se disposait à s'éloigner des décombres fumants de cette belle cité, lorsqu'un faux pas de son cheval le jeta si violemment dans un fossé qu'il se blessa grièvement et en mourut le 9 septembre 1087. Cet événement fit échoir le duché de Normandie à son fils Robert II Courteheuze, et le trône d'Angleterre à un autre fils, Guillaume le Roux.

La mort de Guillaume le Conquérant délivrant le roi Philippe Ier des soucis et embarras que lui causait ce puissant vassal, il en profite pour sacrifier la reine Berthe de Hollande, sa femme, à ses penchants amoureux pour la jolie Bertrade, qu'il avait enlevée au comte Foulques d'Anjou; il divorce pour épouser celle-ci. L'évêque Eudes de Bayeux, qui s'était prêté à la consécration de ces deux actes, reçoit, comme récompense, les revenus des églises de Mantes [2].

Dès l'année 1078, le comte Hugues II de Meulan était entré

---

1. *Ord. Vital.*
2. *Ord. Vital.*

à l'abbaye du Bec, où il s'éteignit le 15 octobre 1080. N'ayant pas eu d'enfants de son mariage avec la princesse Adélaïde, sa succession passa à sa sœur Adeline, mariée à Roger le Barbu, comte de Beaumont, ancien compagnon d'armes de Guillaume le Conquérant. Leur fils Robert, duc de Leicestre, en hérite après le décès de sa mère et s'y installe sous le titre de Robert III, dit le Prudhomme; il épouse Godechilde, fille de Raoul II de Toeny, seigneur de Conches; plus tard, il voudra se marier avec Elisabeth de Vermandois, fille d'Alix, avant-dernière comtesse du Vexin, auquel acte l'évêque Yves de Chartres mit opposition pour cause de parenté trop rapprochée.

Robert III entoure la ville de Meulan d'une ceinture bastionnée et la relie au fort de l'Ile par une galerie souterraine; il fonde la chapelle Saint-Nicolas (église paroissiale actuelle), et remplace les chanoines de Saint-Nicaise, devenus trop indolents, par des moines de l'abbaye des Préaux, fondée par son père. Ceux-ci se livrent à de grands travaux d'utilité; ils dessèchent les marais d'Hardricourt en attirant les eaux dans un étang, et défrichent de grandes surfaces de terre, dont la culture leur assurera de bons revenus [1].

Les esprits étaient alors surexcités par les prédications de l'Amiénois Pierre l'Ermite, en faveur de la délivrance du Saint Sépulcre des mains des Sarazins (1095). Nombre de seigneurs saisissent avec empressement cette occasion de montrer leur bravoure et de déployer leur adresse; ce sera l'époque la plus brillante de la chevalerie. A l'exemple des grands, le peuple s'y enrôle en foule, au cri de : « Dieu le veut! » Un des premiers croisés fut le duc de Normandie, et avec lui s'engagèrent les nobles du Vexin : Richard de Chaumont, Cordelier et Taupin du Mesnil, Raoul de Fontenay de Goupillières, Guillaume et Compagnon de Brienzon, Guy, Jean et

1. *Hist. de Meulan*, par Emile Réaux, p. 154.

Geoffroy du Plessis de la Poterie, Henri de Saint-Clair, Jean d'Esmontiers, Raoul d'Esmontiers de Coqueville, Guillaume d'Esmontiers de Bellevasc, Pierre d'Esmontiers de Valiquet (ancêtres des seigneurs de Monthiers, lieutenants généraux de Pontoise), etc., etc.[1].

Pour se procurer les ressources nécessaires à une expédition si lointaine, le duc Robert II dut engager la Normandie à son frère Guillaume le Roux contre une avance de dix mille marcs d'argent. L'entraînement général est si irrésistible, que les Croisés ne s'en laissent détourner ni par les supplications de leurs familles, ni par la question du sacrifice de leurs intérêts, ni par la crainte de mourir loin du clocher natal. Ils partent au nombre d'au moins 300.000 combattants de tout rang et de tout âge; mais de cette armée si enthousiaste, un dixième au plus aura la consolation de rentrer au foyer.

A peine cette expédition était-elle en route, que Guillaume le Roux apparaît en Normandie avec l'intention d'envahir le Vexin. Le sire Guy II de la Roche-Guyon lui fait le meilleur accueil et l'accompagne sur ses domaines jusqu'à Vétheuil; les comtes de Meulan et de Gournay se mettent à sa disposition. Mais fidèle à sa consigne, le gouverneur du château de Neaufle, Simon le Vieux, refuse de le recevoir; il doit assiéger Chaumont, dont la garnison lui tue 700 de ses meilleurs chevaux à coups de flèches, et force les chevaliers désarçonnés à se diriger à pied vers Pontoise.

Parmi les seigneurs restés fidèles à la couronne de France, on cite Robert de Maudétour, Osmont de Chaumont, Galbert et Richard de Boury, Godefroy et Pierre de Sérans, qui s'étaient emparé des amis des Anglais : Gilbert de l'Aigle, Thibaut de Gisors, Gauthier d'Anfreville et Giroult d'Ebrémont. Les Français eurent à déplorer la perte de Payen de Montagny.

Dans la croyance d'avoir soumis tout le pays qu'il vient de

1. *Hist. de Normandie*, par Gabriel du Moulin, p. 227.

parcourir, Guillaume le Roux songe à le placer sous la protection d'une solide forteresse, qu'il décide d'élever au sommet d'une butte factice, sur la rive normande de l'Epte, près de Gisors. Le seigneur Robert de Bellesme lui en fournit les plans dressés par l'architecte Leufroy (1097). Dès que les travaux sont terminés, il donne le commandement de ce château fort au chevalier Paganus, fils de Symon de Nielfa (Neaufle), ayant pour enfants : Thibaut, Hugues, Hervé, Richilde, Mathilde, Marguerite et Idoine qui, au mépris des droits des seigneurs de Boury et de Chaumont, ouvriront la lignée des comtes de Gisors. Ce chevalier Paganus sera inhumé à Saint-Martin de Pontoise.

Theobaldi de Gisortio, fils aîné de Paganus, deviendra un riche seigneur, aimant à étaler son opulence; c'est accompagné de Girelmus *avuncatus ejus* (son conseiller), de Guido *armiger ejus* (son écuyer) et de Drogo *coquus ejus* (son cuisinier), qu'il assistera, en 1124-1134, comme témoin à l'acte de donation des moulins de Gisors et de Bézu en faveur de Saint-Martin-sur-Viosne. Sa sœur Mathilde épouse Richard Ier de Montmorency, seigneur de Banthélu.

Peu après la construction de la forteresse de Gisors, Guillaume le Roux fut tué à la chasse au sanglier, le 2 août 1100, d'une flèche mal dirigée par Walonis de Calidimons (Gauthier Tyrel, qualifié seigneur de Poix et de Pontoise), qui, pour se soustraire à un châtiment, doit se sauver en Palestine.

Le duc Robert II ne tarde pas à apprendre l'accident arrivé à son frère et précipite son retour, mais trouve son duché de Normandie déjà accaparé par un autre frère, Henri, qui refuse de le lui rendre. Les hostilités éclatent; Robert est battu et fait prisonnier à Falaise, pour être enfermé au château de Cardiff dans le pays de Galles. Dès lors, Henri Ier se déclare officiellement roi d'Angleterre et duc de Normandie (1106).

L'archevêque Guillaume de Rouen n'avait pas attendu le couronnement de ce roi d'Angleterre, si résolu, pour lui faire sa cour. Dès l'année 1105, il avait obtenu, sous la menace d'excommunication, le désistement du seigneur français Radulphus de Bodris (Raoul de Boury) à ses droits sur la terre de Gisors, qu'il tenait de son père Walbertus ou Lambertus. Afin de donner plus d'éclat à cette renonciation, il lui imposa de se présenter dans la cathédrale de Rouen, à la messe de la Pentecôte, pour déposer, en signe de séparation, un couteau sur le grand autel. Cet acte de soumission n'étant pas jugé suffisant, Raoul dut s'humilier publiquement à Vesly en présentant un bâton à l'archevêque, devant une nombreuse assemblée, où se trouvaient : sa mère, ses frères Walbert, Eustache et Albéric, son neveu Enguerrand, fils de Willelmus de Carz (Chars), ses vassaux Ricardus de Fontanis (Fontenay), Paganus de Corceles (Courcelles-lès-Gisors), Hubertus de Verlei (Vesly), Osmondus de Faiel, etc., ainsi que les vassaux de l'église de Rouen ; Osmondus de Calvomonte, Paganus de Nielfa (gouverneur de la forteresse de Gisors), Willelmus, son frère, Eustachius de Fraisneus (Fresnes), Gilbertus de Verlei, Crispinus le Jeune de Dangut et Manassès, son frère, Willelmus de Condeit (Cantiers), Hugo de Pormort et Johannes, son frère, Walterius Torel (Tyrel), Hugo de Bosemont, Robertus, fils d'Ernulfus de Villanes (Villarest), Radulfus de Lisorz, Rogerus de Pratellis (Pressagnies), Radulfus de Villers, Ricardus presbyter de Gizorz, monachi de Verlei (les moines du prieuré de Vesly, et une grande affluence de peuple. De tels actes de faiblesse firent perdre à Raoul de Boury l'estime de ses parents, de ses amis et de ses voisins, cela à tel point qu'il dut se résigner à un pèlerinage à Jérusalem, pour les frais duquel l'archevêque de Rouen lui fournit un secours de 20 marcs d'argent [1].

Il était facile de prévoir que le roi d'Angleterre ne manquerait pas de se prévaloir de ces avantages; il se présente à

---

1. Archives de la Seine-Inférieure.

Gisors en compagnie du comte de Meulan Robert III pour formuler diverses réclamations. Louis VI, dit le Gros, qui venait de succéder à son père Philippe Ier, décédé le 3 août 1108, lui fait répondre qu'il ne veut rien céder, sans avoir pris des informations sur les lieux, et lui fixe rendez-vous « ad locum « plancas Ninfeoli super fluvio grata piscium foecunditalis « qui dicitur Etta » (aux planches de Neaufle sur la rivière, poissoneuse de l'Epte). Les deux rois s'y rencontrent dans la dernière semaine de mars de l'année 1110.

Louis VI profite de cette entrevue pour reprocher à Henri Ier la spoliation dont il s'est rendu coupable à l'égard du duc Robert II et de son fils Guillaume Cliton ; mais à court de bonnes raisons, le monarque anglais se fâche et rallume la guerre. Ce que voyant, le roi de France marche sur Meulan et s'avance dans la direction de Mantes où son frère Philippe exerçait de véritables brigandages.

Ce rapprochement des troupes françaises éveille les craintes du sire Guy III de la Roche-Guyon qui se sentait responsable de l'accueil cordial fait par son père à Guillaume le Roux ; il se réfugie avec toute sa famille dans l'église du bourg, mais les soldats excités par Guillaume le Champenois, son beau-père, enfoncent les portes du sanctuaire, massacrent Guy et sa femme, puis tuent leurs enfants en leur aplatissant la tête contre les murs. Tant de cruauté ne devait pas rester impunie ; les chevaliers anglais recherchent les coupables pour leur infliger d'affreux supplices. Guillaume a le cœur arraché vivant. Guy III de la Roche avait un frère Richardo de Rupe, cité en 1116 parmi les bienfaiteurs du prieuré de Saint-Laurent de Concervin à Brueil, qui dut hériter de ses possessions [1].

De pareils procédés ne font qu'attiser les fureurs. Le roi d'Angleterre s'empare, en 1118, du château de Saint-Clair défendu par Osmont le Vieux, tandis que le roi de France

1. *Hist de Chaumont*. par Friou, 1866, p. 175

s'introduit avec ses chevaliers, sous un déguisement de moines, dans Gasny, où il construit un château fort, en face duquel les Anglais en élèvent deux autres, que les Français baptisent par dérision de « Malassis » et de «Gîte de lièvres »[1].

A ce moment, novembre 1118, un bourgeois des Andelys, Ascelin, fils d'André, qui avait à se plaindre de certains procédés de l'archevêque Godefroy de Rouen, vient trouver Louis VI, à Pontoise, pour lui offrir la livraison de cette place. On rapporte que c'est à l'occasion de l'entrée des troupes françaises dans Andely que fut poussé, pour la première fois, le cri de « Mont-joie Saint-Denis ». La garnison anglaise se trouvant surprise par la brusque apparition des Français, n'eut que le temps de se réfugier dans l'église Notre-Dame. La ville d'Andely, alors commandée par le prince Richard, fut confiée à la garde des chevaliers Godefroy de Sérans, Enguerrand de Trie, Albéric de Boury et Baudry de Bray.

Dans la crainte de plus grandes défections, le roi Henri Ier construit le château de Noyon, près Étrépagny, pour une garnison de cent hommes, commandés par Guillaume de Banthélu, fils de Richard Ier de Montmorency. En 1119, le roi Louis assiège Dangu, que le gouverneur Robert livre aux flammes plutôt que de le rendre ; ce même Robert, aidé par la garnison de Gisors, s'avance ensuite sur Chaumont, dont il dévaste les environs ; alors Louis VI attaque Château-sur-Epte, bâti par Guillaume le Roux et défendu par Gaultier Riblard, qui force les Français à lever le siège, après que le chevalier Enguerrand de Trie y eut trouvé la mort, de la blessure d'une flèche reçue au dessus de l'œil. Le roi de France étant rentré dans Andely, le roi Henri Ier profite de sa retraite au château de Noyon pour se livrer à la destruction des récoltes dans la plaine d'Étrépagny ; il emmagasine les débris comme fourrages dans la place de Lyons. Afin de couper court à ces dévasta-

1. *Ord. Vital.*

tions, le roi Louis VI sort d'Andely, ayant dans son escorte les chevaliers Mathieu comte de Beaumont, Guy de Clermont, Osmont de Chaumont, Guillaume de Garlande, chef de l'armée, Pierre de Meaulo, Philippe de Monbray, Bouchard de Montmorency, Baudry de Bray, Guillaume Crépin, etc.; le 20 août 1119, il rejoint les Anglais dans la plaine de Brennemule, au pied de la montagne de Verclive, et les attaque avec acharnement; mais ceux-ci se sont si bien formés en carré que les chevaux des cavaliers français viennent s'enfourcher dans leurs longues piques sans pouvoir les entamer; à un moment, le chevalier Godefroy de Sérans réussit à faire une brèche, mais déjà commençait la déroute. Les seigneurs Guy de Clermont, Bouchard de Montmorency, Osmond de Chaumont, Hervé de Gisors, Albéric de Mareuil, Guillaume Crépin sont au nombre des 140 chevaliers faits prisonniers. D'après la chronique, il n'y eut cependant que trois hommes tués dans tout ce combat, où 900 chevaliers s'étaient trouvés aux prises. La bannière du roi de France tombée aux mains d'un soldat anglais lui fut payée vingt marcs par Henri Ier. Cette incroyable défaite força le roi Louis VI à reprendre le chemin des Andelys, où il n'arriva que grâce à la ruse d'un paysan.

Sous prétexte de présider à la consécration de l'église de Gisors, faite par Geoffroy, archevêque de Rouen, le pape Caliste II, alors à Reims, vient, en novembre 1120, réconcilier les deux souverains. Le roi d'Angleterre était d'autant mieux préparé à une entente que, peu de mois auparavant, il avait été cruellement frappé par la perte de ses deux fils : Guillaume et Richard Ascelin, avec plusieurs de ses plus fidèles serviteurs et amis, sombrés dans le naufrage de la *Blanche Nef*. Une des clauses du traité spécifia que le bourg d'Andely lui serait rendu.

Mais la mort tragique des fils de Henri Ier devait rappeler aux seigneurs normands que leur duc Robert gémissait en prison, et réveiller en eux des sentiments que l'on pouvait croire éteints ; en 1123, ils se réunissent à la Croix-Saint-Leufroy pour décider une prise d'armes. Louis VI était d'autant plus disposé à leur venir en aide qu'il regrettait amèrement la perte de la ville d'Andely. A ces nouvelles, le roi d'Angleterre appelle son gendre, l'empereur Henri V, à son secours. De son côté, le roi Louis se décide à faire valoir les droits que lui donnait le titre de comte du Vexin, dont son père l'avait gratifié en 1102, pour se servir de l'oriflamme de Saint-Denis ; étendard en soie rouge découpé en trois pointes garnies de franges et houppes vertes, suspendu à une lance dorée, qui produisait en voltigeant des reflets à l'aspect de flammes. Malgré les droits indiscutables du roi de France, les religieux de l'abbaye ne lui cèdent l'oriflamme que contre le prélèvement d'un droit sur les étrangers au Vexin.

Ayant réuni une nombreuse armée, le roi Louis VI va lui-même recevoir l'oriflamme des mains de l'abbé Suger, et marche à la rencontre de l'empereur d'Allemagne, qui s'en retourne sans accepter le combat. Cette reculade oblige le roi d'Angleterre, en 1125, de consentir à la révision du traité de Gisors.

Comme le comte de Chaumont, Willelmus Acculeius (l'Aiguillon), fils d'Osmond le Vieux, alors veuf d'une demoiselle Marguerite de Gisors, était resté, selon l'exemple de son père, fidèle aux intérêts du roi de France, Louis VI l'en récompense, en lui accordant la main de sa fille Isabelle. Ce comte Guillaume assistera, en 1150, avec Hugo de Rupe, sans doute fils de Richard, à la bénéniction de la chapelle Notre-Dame de Maudétour. Il décéda avant 1175, car la comtesse Isabelle était veuve lorsqu'elle donna au prieuré de Liancourt-Saint-Pierre le *campum Manasserii* et une hôtellerie, à l'intention de ses parents.

Willelmus de Calvomonte n'ayant pas eu d'enfants de ses deux mariages, sa succession échut à son cousin Gualo de Calvomonte, fils d'Odonis.

Le comte de Meulan Waloran ou Galeran II, moins attaché au roi d'Angleterre que son père, Robert III, avait dès le 5 juin 1121 essayé, avec l'aide des chevaliers Payen de Gisors, Baudry de Bray, Guillaume l'Aiguillon de Chaumont, Guillaume de Roumarre, Hugues de Montfort, Hugues de Neufchâtel et plusieurs vassaux, de s'emparer de la forteresse de Gisors. En profitant d'un jour de marché, ils essayèrent d'attirer le gouverneur Robert Candoz dans la ville pour le forcer à leur livrer la place ; mais celui-ci devinant leur plan, les fit arrêter, leurs biens furent confisqués. Ils n'obtinrent leur grâce qu'après plusieurs mois de détention. En souvenir de leur père, le comte Galeran et son frère Robert furent admis à la cour du roi Henri Ier, qui les arma chevaliers en 1122.

Cette forteresse de Gisors ne cessant d'exciter toutes les convoitises, le prince Guillaume Cliton, fils du malheureux duc Robert II, réussit à s'y introduire en 1126 ; la croyant acquise à sa cause, il la quitte au bout de quelques jours pour continuer ses tentatives sur la Normandie. Craignant sans doute que tous ces tiraillements ne nuisent à ses intérêts, l'archevêque de Rouen fit confirmer, en 1131, par le pape Innocent II, ses possessions dans le Vexin, ainsi décrites : « Oppidum quod dicitur Andelum (Andelys) cum villis, sylvis, « pratis, justitii et libertatibus in Normaniæ, oppidum Gisors « et villas Dauvrent (Douville) et Devillam (Doudeauville) ... « in Wilcassinum franciæ Albe marla (Alibray) et castrum « Toëni (Tourly) et castrum Alleium (Alleu près Ws) [1]. »

Henri Ier eut l'indignité de profiter de la confiance de Galeran et Robert de Meulan pour abuser de leur sœur Elisabeth. Dans la crainte de ne pouvoir maîtriser son courroux, le comte Galeran s'embarque pour la Palestine ; les sires Rabillaud, Lohier, Mathieu et Patroulard de Trie, Yves et Amaury de Meulan, Guy IV de la Roche-Guyon, de l'Isle-

---

1. Lévrier, vol. XII.

Adam, de Rosny, Egret de Bézu, de Vigny, Bonnault et Jean de Saint-Clair, de Banthélu, de Montagny, Crépel du Fayel, Fauvel de Clairy (Cléry), Gayes du Plesseais (Plessis), partent avec lui. A son retour, au bout de deux ans, il apprit que sa sœur Elisabeth était entrée au couvent de Fontevrault; cette circonstance devait faciliter la réconciliation avec le roi d'Angleterre, aussi Galeran se trouva-t-il à la partie de chasse dans la forêt de Lyons, pendant laquelle Henri Ier se donna une telle indigestion de lamproies, qu'il en mourut le 25 novembre 1135, au château de Saint-Denis-le-Ferment. Cet accident fit passer le duché de Normandie à son petit-fils Henri Plantagenet, fils de la princesse Malthide, de son second mariage avec Geoffroy Plantagenet, comte d'Anjou [1].

Pendant l'absence du comte Galeran II, sa femme Agnès de Montfort avait fait exécuter des travaux considérables; entre autres, la construction du grand pont de Meulan et de la chaussée des Mureaux, qui lui fait suite; la reconstruction des églises de Boubiers, Bouconvillers, Brueil, Cléry, Condécourt, Gadancourt, Hardricourt, Gaillon, Jambeville, Lierville, Limay, Maudétour, Orgeval, Saint-Gervais, Tessancourt, Vernouillet, qui avaient été détruites pendant les guerres. La plupart de ces églises sont reconnaissables à leurs flèches en pierres terminant le clocher,

Louis VII, dit le Jeune, succède à son père Louis VI le 1er août 1137. Dès les premières années de son règne, il cherche à profiter des compétitions à la couronne d'Angleterre, de Godefroy Plantagenet et d'Étienne de Blois, petit-fils de Guillaume le Conquérant, pour s'emparer de Gisors et de Lyons, qu'il assiège en 1144.

Dans la crainte que l'autorité spirituelle des archevêques de Rouen sur le Vexin français ne puisse être profitable aux Anglais, il leur retire, en 1146, l'abbaye de Saint-Pierre de

---

1. *Hist. de Normandie*, par Gabriel du Moulin, d'après extrait d'un livre sur vélin à la cathédrale de Bayeux.

Chaumont, ainsi que les églises de Pontoise et de Gisors pour les placer sous la juridiction de l'abbaye de Saint-Denis, ne relevant que du pape. Tout aussitôt, l'archevêque Hugues II adresse une protestation à l'abbé Suger, premier ministre du royaume et sans attendre le résultat de sa démarche, il fait acte d'autorité dans le Vexin, en confirmant, en 1151, à l'abbaye de Saint-Martin-sur-Viosne ses droits sur les églises de Valmundeis (Valmondois), Valle en geldardis (Vallengoujard), Gerincort (Génicourt) avec la chapelle de Linviller (Livillers), Arcumvilla (Arronville), Saint-Martin d'Umblevilla (Amblainville) et chapelle Ultravesin (Trouvoisin), le moulin Radulfi d'Alvers (Auvers), les églises de Marcomonte (Marquemont), Borriz (Boury), le bois de Serifonte (Sérifontaine), les églises de Maldestor (Maudétour), Banterlu (Banthélu), le moulin Gualterii de Banterlu, les églises de Monceio (Moussy), Cléry, Puteolis (Puiseux), la chapelle de Rognel (le Rosnel), les terres de Marinis (Marines), les dismes de grains de la grange de Rosnel, les vignes de Valle Gaudiaci (Jouy le Moutier), dont le vin à livrer audit Rosnel, les chapelles de Ruel près Seraincourt, de Hamoncort (Amenucourt), les terres de Brinnencort (Brignancourt, Cergeium (Cergy), celles près Ham (le Haulme-Marines), celles de Butery et Hairouvillam (Butry et Hérouville), de Haraviller, de Bechervillam (Berville), d'autres près Sanctum Crispinum (Saint-Crépin Thibivillers), les grains in grancia de Hailliencort (métairie des brumes Hallincourt), les terres de Mortincort (Menucourt), celles près Tilleium (le Tillet-Clery), d'autres près d'Asvena (Avernes), près Triel, près Corcelas (Courcelles-sur-Viosne), à Caleria (Alibray Oinville), à Espiès (Epiais), le moulin de Botlevillier (du Bouteiller à Pontoise), les terres de Hébécort, des maisons à Beleium (le Bellay), Commeny, Gozangrés, Villulam (Villette Condécourt), des terres et refuges à Ableges tenus par Ansulfus de Housvilla, à Oenium (Osny), une maison à Fricheium (Fresnes en Thelle), la grange de Cella ou Calcia (Chaussy), deux masures à Haimermont (Imarmont), deux masures à Richert (Réal-Boissy-l'Aillery), une autre à Busseium (Boissy l'Aillery), deux maisons à Pontisaram (Pontoise), le moulin de Martin et terre de Cordemenche (Courdimanche), tenus par Odo de Leus (Eude de Lieux-Vauréal), le moulin de Conveia (Chavançon), tenu par Guillaume l'Aiguillon, des refuges à Maldestor (Maudétour), le four de Areu (Arthieul), l'île Telosa (de la machine élévatoire, appelée plus tard île Saint-Martin), tenus par Payen de Neaufle; le burgum beati Martini (bourg Saint-Martin-lès-Pontoise), une masure à Anery (Ennery), une autre à Cormelias (Cormeilles), la terre de Bruncionem (Bréançon), la culture de Salerio (Sailly) et le four de ce lieu tenus par Guillaume de Banthélu, la grange de Linviller (Livillier) et terres tenues par Gualterius Tirellus et Hugo filius ejus, une partie de Nuilliacum (Neuilly-en-Thelle), la chapelle de Mainonvilla (Menouville), des refuges et terres à Valle de Grena (Vallée de Grène), près Neuilly, en Bosc. Cet acte fût contresigné par Fulbertus Archid. Vulcassinensis.

Le roi de France, desespéré d'avoir commis le sac de Vitry-le-Brûlé, veut racheter cette faute par une expédition en Terre Sainte. Malgré les sages conseils de l'abbé Suger, son ministre, il s'engage pour la deuxième croisade prêchée par Saint-Bernard, abbé de Clairvaux, et y part à la Pentecôte de l'année 1147, accompagné de sa femme Aliénor de Guyenne et de nombreux seigneurs, parmis lesquels le comte Galeran II de Meulan; mais en revient en octobre 1149, complètement ruiné et désenchanté. Les concurrents au trône d'Angleterre venaient de mourir, lorsque Louis VII répudia sa femme Aliénor qui ne tarda pas à épouser le roi Henri Plantagenet, auquel elle apporta ses provinces du midi de la France (1152).

Henri II se fit couronner en 1154, et débarrassé de ses compétiteurs, il songe à reprendre le Vexin que l'un d'eux, Godefroy d'Anjou, avait rendu à Louis le Jeune, pour prix

de son secours. L'acte de cession mentionnait : « Villæ et opi-
« dæ castrum Gisorcii, castrum Neaufle, Estrepagnie, castrum « Dangu, Gamaches, Haravilla, castrum novum, (château sur « Epte), Baudemont, Brayum, Tornucium (Tourny), Bucale « (Bouaffle) et Nogentum (Noyon-le-Sec) et castrum Vernonis, « Novum mercatum (Neumarché) compris dans le district ab « Ethæ fluvia usque ad flumen Andelæ (entre la rivière « d'Epta et celle d'Andelle) ».

Pour son entrée en campagne, le roi d'Angleterre s'avance par Étrépagny, Chitrium (Ouitry), Vastrevilla (Vatteville), qu'il livre aux flammes. Louis VII apercevant de son château de Chaumont la fumée de ces incendies, essaie d'amener une diversion, en marchant sur Meulan, de là sur Vernon, puis revient à Mantes, où il se fortifie (1156). Mais apprenant que Henri II allait envahir le Vexin français, il court occuper Gisors ; les Anglais s'installent aussitôt dans le château de Neaufle, dont ils augmentent les travaux de défense (1159). Après plusieurs feintes et défis, les deux souverains se réconcilient en 1160. Pour sceller leur amitié, ils s'engagent au futur mariage de Henri Courmantel, âgé de 7 ans, avec Marguerite de France, qui n'en a que trois, et leur assignent les forteresses de Neaufle et de Gisors pour dot. Ils décident que ces deux places resteront sous séquestre ès-mains des templiers Toste de Saint-Ouen et Robert Pirou jusqu'à la majorité des fiancés.

Pendant le cours de ces événements, le pape Adrien VI avait rendu son jugement dans l'affaire des églises du Vexin ; il déclarait que l'archidiaconné, dont faisait partie Pontoise, l'abbaye de Saint-Martin et l'église de Vaux, devait rester sous la juridiction de l'archevêque de Rouen. Celui-ci eut le bon esprit de prévenir de nouveaux conflits et tiraillements toujours nuisibles à la religion, en consentant, dès 1157, à reconnaître les droits de l'abbaye de Saint-Denis sur l'église Sancti Petri de Calvomonte avec chapelles Sainte-Marie et

Saint-Jean, sur celles de Caillouer (l'abbaye du Caillouet près Chaumont), de Cergiaco (Cergy), de Buxiaco (Boissy), de Sagiaco (Sagy), de Cormeliis (Cormeilles), de Montegerulfi (Montgeroult), de Ablegiis (Ableiges), de Carz (Chars), de Sancta Clara (Saint-Clair), de Montegenvoldi (Montjavoult) et de Novo castro (Château-sur-Epte).

Thibaut III, fils de Theobaldi de Gisortio et d'Agnès, ayant pris parti pour le roi d'Angleterre, fut obligé, en 1150-1158, de se réfugier avec sa famille, composée de : Rohaïdis, sa femme; de Mathilde, sa sœur; de Hugone de Calvomonte, son beau-frère; de Jean et Idoine, ses neveux, dans sa terre de *Beeleium* (le Bellay). Lors de la réconciliation des deux souverains, le roi Louis le Jeune lui imposa sa démission en faveur de Hugone son beau-frère et son entrée à l'abbaye de Saint-Martin-sur-Viosne, alors dirigée par Guillaume de Mello. Le comte Thibaut profite de ces loisirs forcés pour construire le « burgum quod est extra portam Pontisaræ », qu'il donne à la dite abbaye, de laquelle il reçoit l'hospitalité jusqu'à sa mort, en 1191. Pendant son séjour au Bellay, il avait approuvé la cession de la disme de cette localité, faite à l'abbaye de Saint-Martin par le seigneur Robert de Rethly (Reilly)[1].

Hugone de Calvomonte étant arrière-petit-fils de Hugonis et de Mehildis de Bodris, cet acte de justice du roi Louis VII restitua le domaine de Gisors aux descendants de ses possesseurs primitifs.

La bonne entente entre les rois de France et d'Angleterre ne devait pas être de longue durée. Dès l'année 1165, Henri II croit devoir se venger de quelques railleries de Louis VII; il brûle Chaumont, Gasny, les fermes de l'abbaye Saint-Ouen et le bourg d'Andely. Une trêve de huit mois met fin à ces dévastations.

Galeran II, comte de Meulan, ne revient de Palestine que

1. Dom Estiennot.

pour entrer à l'abbaye des Préaux, où il termine ses jours le 10 avril 1166. De son mariage avec Agnès de Montfort, il avait eu six fils et trois filles, dont l'aîné, alors âgé de 25 ans, eut le comté de Meulan, sous le titre de Robert IV; ce jeune comte épousa Mathilde de Cornouailles. Un de ses premiers actes fut de défendre à Guido IV de Rupe, fils de Hugo, et à Wascio de Poissy la perception d'un droit quelconque sur les bateaux des religieux de Saint-Vandrille.

Par suite de nouvelles querelles entre les rois de France et d'Angleterre, le château et l'abbaye de Chaumont sont complètement détruits en 1167, même à tel point, qu'on ne pourra plus songer à les reconstruire. Le bourg seul se maintiendra sur la pente et au pied du mamelon qui portait ces débris fumants. Comme toujours, les monarques se réconcilient dès qu'ils sont fatigués d'amonceler des ruines, et cimentent leur bonne entente par des fêtes au château de Saint-Germain-en-Laye (6 janvier 1169).

Ces bonnes dispositions permettent à Louis VII de recevoir dignement le jeune prince Henri Courmantel au château de Gisors, pendant les fêtes de la Saint-Martin de l'année 1172; et peu de temps après, la princesse Marguerite vint rendre visite à son père dans Chaumont. Lesquels déplacements devaient faire connaître les jeunes fiancés dans la région qui leur était réservée.

A l'occasion de ces fêtes, nous devons constater que le sort du peuple s'était bien amélioré. Au milieu des dangers courus en commun dans les expéditions si lointaines des croisades, le frottement journalier entre les seigneurs et leurs serfs avait amené un rapprochement inattendu; on trouvait là l'occasion de mieux se connaître, et on commençait à avoir plus d'égards pour les roturiers ou vilains. L'affranchissement des communes y eut son point de départ. De là, une plus grande liberté d'action, dont les bourgeois profitent pour avoir des demeures plus solides; ils osent se construire des maisons en pierre, lequel privilège n'appartenait jusque-là qu'aux nobles et au clergé.

Il faut remarquer que l'emploi de matériaux résistants affirmait le droit de possession et d'hérédité dans les familles du peuple, parmi lesquelles on devra, de même que cela avait eu lieu pour les seigneurs, éviter la confusion en faisant suivre le nom de baptême de chacun des chefs d'un sobriquet qui servira à les distinguer et qu'ils transmettront à leurs descendants. Ce surnom sera tiré de l'aspect le plus frappant de la taille, du physique, de la couleur des cheveux, d'une difformité, ou bien de la profession, du lieu de naissance, du caractère des individus. Exemples : Paul Le Grand, Jean Charpentier, Auguste Le Blond, Jacques Bossu, etc.

Mais le peuple ne fut pas seul à profiter de quelques innovations. Les armures que portaient les chevaliers, les empêchant de se reconnaître entre eux, il leur fallut adopter un signe extérieur, gravé sur leur bouclier, reproduit sur leur bannière et porté par leurs gens, qu'on appela leurs armes. Le choix des signes et des couleurs formant le blason, rappelait souvent un haut fait, ou avait trait à leur nom, tiré de de la désignation de leur principal fief.

Sentant sa fin prochaine, Louis le Jeune voulut entreprendre un pèlerinage au tombeau de Thomas Becket, à Cantorbéry; il fut frappé, au retour, d'une attaque de paralysie qui l'emporta le 18 septembre 1180. Sa mort fit passer la couronne à son fils Philippe II, dit Auguste.

Henri Courmantel, fils de Henri II, mourut en 1183; cette fin prématurée soulèvera une suite de difficultés touchant la restitution de la dot de la princesse Marguerite. Le règlement de cette affaire occasionna plusieurs entrevues sous l'orme ferré, entre Gisors et Trie; mais avant qu'on en eût trouvé la solution, une nouvelle cause de brouille entre les rois de France et d'Angleterre surgit tout à coup de ce fait, qu'un chevalier français, Richard du Val, ayant fait commencer la construction d'un château fort à l'entrée du val Corbie ou Corbon, près Gasny, le gouverneur de la forteresse de Gisors voulut y mettre entrave; n'étant pas écouté, il se rendit sur les lieux, attaqua les ouvriers et tua Rader fils de Richard du Val qui les dirigeait. A ce moment, Philippe-Auguste se trouvait à la Roche-Guyon pour le renouvellement d'un acte de franchises de bateaux, consenti le 15 mars 1185, par Guido IV de Rupe, gendre de Robert IV de Meulan, aux abbayes de Jumièges et de Saint-Vandrille, avec l'approbation de Hugues, son frère, de Guy, son fils, et de sa famille. Etant instruit des procédés si vifs des Anglais, le roi de France se met en devoir de protéger ses partisans; il marche sur Gisors, mais se heurte à l'armée de Henri II qui le repousse dans Mantes, où un loyal bourgeois, Guillaume Desbarres, lui sauve la vie au prix d'un généreux sacrifice. Le roi d'Angleterre n'ayant pu l'atteindre, jette sa mauvaise humeur sur Saint-Clair, dont il détruit les plantations et embellissements (1188).

Avec le désir d'éviter de plus grandes effusions de sang, les parties conviennent d'une nouvelle conférence sous l'orme ferré. Les Anglais y arrivent les premiers et s'installent commodément à l'ombre, pour ne laisser aux Français que les places exposées à l'ardeur du soleil, et en prennent prétexte de les railler; mais ceux-ci se fâchent et délogent les Anglais en les poursuivant jusqu'à Gisors.

Dans son juste courroux et pour marquer son indignation de si mauvais procédés, Philippe-Auguste fit abattre cet arbre plusieurs fois séculaire, dont les dimensions étaient telles, que plusieurs centaines de cavaliers pouvaient trouver abri sous ses branches.

La mort du roi Henri II, survenue le 6 juillet 1189, fait passer sa succession à son fils Richard Cœur de Lion. Celui-ci pouvait compter sur l'amitié du roi de France, qui l'avait déjà soutenu dans certains différends avec son père; aussi, vient-il trouver Philippe-Auguste à Gisors. A l'occasion de cette entrevue, les deux souverains conviennent de partir ensemble pour la Terre Sainte.

Quelques auteurs prétendent que la croix figurant dans les armes de la ville de Gisors, y aurait été adoptée en souvenir de cette pieuse détermination.

Arrivés en Sicile au mois de septembre 1190, les Croisés sont arrêtés par des vents contraires et forcés d'y passer l'hiver. Ils rompent la monotonie de ce long séjour par des joûtes et tournois fournissant carrière à des moqueries, qui finissent par amener la brouille entre les deux rois. C'est dans ces dispositions qu'ils débarqueront en Palestine.

Profitons de leur absence pour reprendre la généalogie des comtes de Gisors et de Chaumont.

Hugone, arrière-petit-fils de Hugonis milites de Calvomonte et de Mehildis de Bodris-Gisortio, épousa Mathilde, sœur de Thibaut III de Gisors, de laquelle il eut plusieurs enfants : Mathilde, Idoine, Radulfus, Goscelinus et Johannes de Gisortio. Ce Jean de Gisors fonda la maladrerie ou hospice de Gisors, et fut inhumé à Saint-Martin de Pontoise. Il fut père de Robert, Symon, Bernard et Hugo miles de Gisortio. Lequel Hugues, chevalier de Gisors, fait aveu au roi, en 1204-1212, de ses fiefs de Bézu, Neaufle et moulin Bancelin, estimés à 60 livres de revenu, dont il doit le service au château de Neaufle; en juillet 1223, il donne, du consentement d'Agnetis, sa femme, des revenus sur son four de Gisors aux religieux de Saint-Martin de Pontoise, pour leur permettre de fêter gaiement le jour de Saint-Christophe ; ses fils seront : Joscelinus de Gizorz et Guillelmus miles de Gisortio. Ce dernier vendit, en 1245, du consentement de Jehanne, sa femme, plusieurs cens et revenus à Pierre de Conflans ; il décéda en 1267, et sa femme vers 1273, après avoir fait don à l'abbaye de Saint-Martin de Pontoise, où ils furent inhumés, de leur domaine du val d'Ennery. Ils ne laissèrent que deux filles, dont l'une, Isabelle de Gisors, finit ses jours, en 1307, à Maubuisson, et l'autre, Jeanne de Gisors, fut mariée, en 1306, au chevalier Henri de Ferrières, dont elle eut Henry de Ferrières, seigneur de Gisors (1369-1387), qui aura des descendants.

Gualo de Calvomonte, fils d'Odonis (Eudes) et beau-frère de Johannes de Gisortio par Mathilde, sa femme, eut pour fils : Tetbaldi, Drogonis, Lamberti, Guillelmus et Hugo ; ce chevalier Hugo Ier de Calvomonte approuva, en 1186, avec Pétronille, sa femme, l'établissement d'une foire à Chaumont, instituée par le roi Philippe-Auguste ; il fonda, en 1209, l'abbaye de Gomerfontaine, et mourut en 1225 ; leurs enfants furent : Jean, Jacques, Gilles, Gervais et Hugues. En 1204-1212, son frère Guillaume rendit aveu au roi de plusieurs fiefs qu'il possédait à Chaumont, Blamécourt, Epiais, Avernes, Imarmont, Quitry, Forest, Limetz, etc. Hugo II de Calvomonte est désigné milites « ferentes banneria » parmi les castellani qui, en 1214, feront partie de l'expédition de Flandres ; il approuvera, en mars 1242, la vente des dismes de Montegrimaldi (Montgeroult), faite à l'église d'Amiens par Adam dicte Temwans (le Téméraire), et Aelidis, sa femme. Son frère Jean eut Gilon pour fils. Le chevalier Hugo II dut avoir pour fils Gazo de Caumont, qui approuva les donations faites en 1256 à l'église Saint-Nicaise de Meulan par le seigneur Philippe d'Ws et Jean de Chaumont qui mourut assez jeune. Gazo de Caumont laissa deux fils : Thomas de Chaumont qui, en 1306, perdit avec son parent Jean de Beauvais, descendant de Rodbertus Belvacensis, un droit de péage à percevoir sur la chaussée de Jules César que leur contestait la ville de Chaumont, et Gilles de Chaumont, dénommé dans les aveux au roi en 1326. Gilles de Chaumont eut pour fils : Mathieu qui assista à une réunion de chevalerie, tenue à Tours en 1272, et Renaud, écuyer, qui, en 1294, obtint du roi Philippe le Bel que les assises du baillage de Gisors-Chaumont fussent tenues alternativement dans ces deux villes. Mathieu de Chaumont épousa damoiselle de Quitry, fille ou sœur de

Petrus de Chistre, *armiger* (écuyer), qui s'était trouvé avec lui aux fêtes de Tours; d'où la famille de Chaumont-Quitry.

Le comte de Meulan, Robert IV, et son fils, Galeran III, avaient suivi les rois de France et d'Angleterre en Palestine, d'où Philippe-Auguste revint en 1191, laissant à Richard Cœur de Lion le soin de vaincre les Infidèles. Celui-ci renonce à son tour à cette entreprise trop aléatoire et s'embarque en 1192 pour retourner dans ses États; ses vaisseaux, surpris par la tempête, sont poussés dans la mer Adriatique et jetés sur les côtes de Dalmatie. Cette catastrophe l'ayant privé de tout moyen de transport, il se résigne au rôle de simple pèlerin ; mais l'or dont il dispose le fait reconnaître, il est arrêté et livré à l'empereur d'Allemagne, qui le fait incarcérer à Durrenstein sur le Danube, puis à Trifels dans les Vosges, où il sera découvert par son fidèle serviteur Blondel et délivré moyennant forte rançon. Laquelle aventure retarde son retour en Normandie jusqu'en 1195.

Philippe-Auguste avait mis cette longue absence à profit; il s'était emparé de Dangu, de Neaufle et de Gisors. Cependant, le roi Richard se voyant hors d'état de commencer la guerre, se résigne, en 1196, à consentir au traité de Gaillon, par lequel il reconnaît au roi de France la possession de tout le Vexin normand, à l'exception d'Andely, qui sera respecté comme propriété de l'archevêché de Rouen.

En cette même année, le seigneur Guy V de la Roche fit, avec les habitants de Mantes, un accord pour les droits à percevoir sur leurs marchandises passant sur son périmètre de la Seine, entre Vétheuil et Port-Villers. Cet accord sera renouvelé, en 1224, par Guido VI, son fils.

A cette époque[1], où tant d'hommes pieux s'exposaient aux fatigues et dangers des croisades, les moines de Saint-Martin se permettaient des écarts de conduite dont le roi Philippe-

1. Doublet, p. 895.

Auguste voulut les corriger; pour les faire rentrer dans la règle, il les plaça sous l'autorité de l'abbaye de Saint-Denis.

Comme il devait s'y attendre, le roi de France allait avoir d'autres soucis résultant de l'entrée en campagne du duc Jean, frère de Richard. Dans le but d'annuler le traité de Gaillon, ce prince envahit le Vexin et pousse ses représailles jusque dans le Beauvaisis, où le comte Hugues de Chaumont et l'évêque Philippe de Beauvais sont faits prisonniers. De son côté, Richard Cœur de Lion profite de ce soulèvement pour construire le château Gaillard, dont les travaux sont poussés si activement, que cette belle forteresse est terminée au bout d'un an, en 1198. Ce terrible voisinage du bourg d'Andely soulève les protestations de l'archevêque de Rouen, Gauthier le Magnifique, auxquelles le roi de France entend mêler sa voix.

Pour toute réponse, le roi Richard s'empare de Courcelles, dont le gouverneur, Robert Guillaume, est tué, sept écuyers faits prisonniers et le château réduit en cendres; de là, il marche sur Boury, défendu par le capitaine Jean; ce château subit le même sort. Philippe-Auguste ayant reçu la nouvelle de ces faits d'armes à Mantes, réunit aussitôt un corps de 300 cavaliers et se met à la poursuite du roi d'Angleterre, qu'il rejoint dans la plaine de Courcelles; il l'attaque avec tant d'impétuosité que ses troupes passent à travers l'armée ennemie, dans la direction de la forteresse de Gisors, qu'il cherche à gagner; mais au moment d'atteindre les portes de cette ville, il aperçoit les Anglais lancés à sa poursuite; dans la précipitation de leur échapper, le roi et ses chevaliers s'engagent en trop grand nombre sur le pont-levis, qui s'effondre; vingt chevaliers sont noyés dans l'Epte, et le roi n'est sauvé que par miracle. Aussi témoigne-t-il sa reconnaissance à la Vierge, qu'il avait implorée au plus fort du danger, par une statue dorée élevée sur le lieu de cette catastrophe; lequel monument est toujours entretenu, avec un soin religieux, par la ville de Gisors.

Parmi les chevaliers tués ou noyés, se trouvaient Gualterus de Porta, Girardus de Chari (Chars), Philippus de Nantine (Nanteuil), Petrus de Erhans (Sérans), Robertus de Sancto Dionisio (Saint-Denis-le-Ferment), Theobaldus de Wallangardum (Vallengoujard), Alain de Trie, Rogerus de Mutlent (Meulan), Aymeric de Triers (Triel), Ragnoldus de Arcy (Arthies), Balduinus de Larieu (Cléry), Thomas d'Argent (Argenteuil), Ferrier de Parisiis ou Parisis, Petrus de Latonia (Lattainville), Guy de Nevers, Froment de Campanensis (Champagne), Thierry de Anceis (Andrésy), Onfredus de Baalins (le Bellay), Evrardus de Mantini (Montagny), Fulcardus de Rupe (la Roche-Guyon), Gualterus Rufus (le Roux), Arnulphus de Kerni (Corgny), Guillelmus de Banceto (Banthélu), Jocelinus de Bray, Petrus de Pinci (Poissy), Dembertus de Augi (Eu), Ponchard de Castello (Château-sur-Epte), Guillelmus de Merlen (Mello), Johannes de Gangiis (Gasny), Theobaldus le Breun (Brueil), Rogerus de Beaumont, Gilbert de Bray, Petrus de Maidni (Magny), Johannes de Gerny (Cergy), Alardus de Loviers (Louviers), Radulfus de Valancel (Velannes), Ferry de Bonnai (Boury), Thomas de Castele (Courcelles), Guillelmus de Rochemont (Royaumont), Theobadus de Misci (Mézy). Les trois fameux chevaliers Matheus de Montemorecino (Montmorency), Allain de Rusey (Rosay) et Fulcardus de Gilervallis étaient tombés aux mains des Français [1].

Furieux de ne pouvoir entrer dans Gisors, le roi d'Angleterre se dirige sur Sérifontaine, qu'il incendie, et revient de là à Gaillon. Les hostilités allaient se poursuivre, lorsque le pape Innocent III réussit, en 1199, à faire signer une trêve. Mais le roi de France devait bientôt violer cette suspension d'armes, pour faire passer 80 cavaliers et 40 piétons dans le

1. Lévrier, vol. XIII, d'après chronique anglaise.

Vexin normand, lequel détachement fut saisi par Guillaume Coq, gouverneur de Lyons.

On arrive enfin à la conclusion d'un traité, dans léquel les parties contractantes stipulent les fiançailles de Louis, fils de Philippe II (Louis VIII) avec la princesse Blanche de Castille, nièce de Richard Cœur de Lion. Ce mariage sera célébré en mai 1200, au village de Portmort-sur-Seine, par Élie, archevêque de Bordeaux, à cause de l'interdit qui pesait alors sur le royaume, pour cause de divorce de Philippe-Auguste avec une princesse danoise.

Après la mort du roi Richard, tué dans le Limousin le 16 avril 1199, son frère Jean Sans Terre recueille sa succession. Redoutant un dangereux rival dans son neveu Arthur, duc de Bretagne, âgé de seize ans et protégé du roi de France, qui l'avait armé chevalier, il le fait arrêter pour le frapper de son poignard (1203). Ce meurtre le rend odieux à toute la noblesse de ses États qui l'abandonne. Philippe-Auguste profite de ces défections pour s'emparer du château Gaillard, auquel siége il remarque la bravoure et l'adresse de l'archer Blondel Perriquet, qu'il récompense. Le succès de cette entreprise le décide à pousser jusqu'à Rouen, dont les portes lui sont ouvertes le 1er juin 1204. Un mois plus tard fut signé l'acte de retour de la Normandie à la France, après une séparation de près de trois siècles. Pour fêter cet heureux événement, le roi de France accorde l'amnistie générale, dont il excepte toutefois le comte Robert de Meulan, les sires Guillaume Crusse et Rogerio de Thooniaco (Roger de Tourny).

Surpris par ce brusque changement de fortune, le comte Robert IV de Meulan est obligé de se sauver en Angleterre, où il meurt le 19 août suivant. Son fils Galeran III ayant péri en Palestine, le domaine de Meulan, qui avait des droits sur plus de 300 terres seigneuriales, dont bon nombre situées hors du Vexin, fut confisqué par le roi de France et rattaché à la couronne. La garde du château fort de Meulan est confiée au bailli Raoul de Liès (Vauréal).

Dans une réunion de la noblesse du Vexin français, tenue à Pontoise, le mercredi après Noël, 29 décembre 1204, en présence de Philippe-Auguste et sous la présidence de Radulfus Balivio Vulcassini; à laquelle parurent les seigneurs Guido V de Rupe, Anselmus de Insula (l'Isle-Adam), Matheus de Tria, Johannes de Calvomonte, Johannes de Montchevreuil, Johannes de Borry (Boury), etc., on décida le maintien des Coutumes du Vexin; laquelle résolution fut sanctionnée par une charte royale signée le 20 mai 1205, à Sanctum Germanum in Laya. Au mois de novembre de cette même année, Rogerus de Mellento, frère de Robert IV, assiste à une réunion des seigneurs du Vexin normand pour demander au roi la conservation de la Coutume de Normandie ou Code de Rollon.

Peu de temps après, Radulfus de Liès fut chargé de la direction du Vexin et eut comme remplaçant au fort de Meulan le sire Hugues de Bouconvillers, seigneur de Maudétour, qui obtiendra, en 1211, une sentence royale en faveur des religieux de Saint-Nicaise.

Vers l'année 1212, la direction du Vexin et districts avoisinants avait passée aux mains du seigneur Guillelmus de Villatietrici (Guillaume de la Villetertre), qui recevra les aveux et déclarations au roi dans les chatellenies de Gisors, Vernon, Pacy, Mantes, Meulan, Chaumont, Pontoise, Poissy. Dans la longue liste des possesseurs de fiefs, dressée sous la foi du serment par Petrus de Bobiez (Boubiers), Johannes de Montechevrello (Montchevreuil), Johannes de Chartio (Chars), et Theobaldus de Cormeilles, se trouvent désignés comme chevaliers : Johannes de Tria, Johannes de Gisorcio, Johannes de Monte Chevrel, Hugo de Calvomonte, Guido V de Rupe, Guidonis de Malevicini (Mauvoisin de Rosny, Robert de Pinqueigny (Pressagny), Petrus de Divite Burgo (Richeville)

Matheus de Monte Maurentiaci (Montmorency) Castellanus de Neelflæ (Neaufle).

Plusieurs d'entre ces chevaliers : Hugues de Chaumont, Guy V de la Roche, Simon de Neaufle, Jean de Trie et Jean de Gisors, assistent à la bataille de Bouvines qui, en 1214, cimente l'unité monarchique de la France. Cette brillante victoire permet à Philippe-Auguste de s'occuper de l'administration intérieure, afin de réparer les désastres de si longues guerres. Il y travaillera jusqu'à sa mort, 14 juillet 1222, pour laisser à son fils Louis VIII, dit le Lion, un État solidement organisé.

En souvenir de l'intérêt tout particulier qu'il portait à la ville de Mantes où il venait de s'éteindre, son cœur est déposé au pied du grand autel de l'église collégiale.

Louis VIII n'aura qu'un règne très court, dénué d'intérêt; il meurt le 8 novembre 1226, et la couronne passe à son fils aîné Louis IX, dit Saint Louis, à peine âgé de douze ans.

Il fallut encore la victoire de Taillebourg, remportée en 1242, pour faire perdre aux Anglais leurs velléités de retour. Saint Louis ayant aussi soumis les grands vassaux à l'autorité royale, se disposait à goûter en paix le fruit de ses longs efforts, lorsqu'une maladie, qui le surprit à Pontoise, le mit en péril de mort. Au plus fort du danger, en août 1244, il fit vœu d'aller en Terre Sainte et s'y prépara dès son rétablissement. Comme sa mère Blanche de Castille avait déjà dirigé les affaires avec beaucoup d'entendement pendant sa minorité, il ne craignit pas de lui laisser de nouveau le gouvernement du royaume. Le 12 juin 1248, il alla prendre l'oriflamme à Saint-Denis et s'embarqua à Aigues-Mortes le 25 août, en amenant avec lui la reine Marguerite de Provence, sa femme, et une brillante chevalerie.

A son débarquement en Egypte, il s'empare de la ville de Damiette, mais s'y arrête si longtemps qu'il fournit aux Sarazins le temps de se réorganiser; ils reprennent la lutte et

Saint Louis est fait prisonnier. Son arrivée en Palestine est ainsi retardée de deux ans; par suite, son retour en France n'a lieu qu'en juillet 1254, vingt mois après la mort de sa mère, inhumée à l'abbaye de Maubuisson, qu'elle avait fondée.

Le siège épiscopal de Rouen était alors occupé par un prélat fort capable, que le roi de France aimait à consulter Se trouvant pris de fièvre à *Fontene Bliaudi* (Fontainebleau), Saint Louis fait venir près de lui l'archevêque Eudes Rigaud; mais celui-ci tombe malade à son tour. Ce n'est qu'au mois d'août suivant que tous deux peuvent fêter leur convalescence dans un déjeuner intime « in castro Gaillardi » (château Gaillard).

D'après les déclarations faites au roi en 1264, l'archevêché de Rouen possédait alors dans le Vexin français des revenus à Sérans, Boury, Montreuil-sur-Epte, Courcelles-lès-Gisors, le Bout-du-Bois près Montjavoult, Latainville, Saint-Clair, Chaumont et Banthélu.

Eudes Rigaud se rencontra de nouveau avec le roi de France dans une visite au château de Gisors, le jour de Saint-Romain aux X Kal., novembre 1268; du reste, il pouvait souvent conférer avec lui à l'occasion des séances du Parlement à Paris.

Pour continuer l'œuvre de sa mère, Saint Louis s'occupait de quantité de réformes des plus utiles, lorsque lui parvint la nouvelle du massacre des Chrétiens par les Musulmans; il se crut obligé de venger un pareil forfait et décida une nouvelle croisade. Après avoir confié le gouvernement à l'abbé Mathieu de Saint-Denis, assisté du chevalier Simon de Nesles, il s'embarque à Aigues-Mortes le 1er juillet 1270, ayant dans son armée le chevalier Amaury de Meulan qui, pour cette expédition, avait dû vendre ses droits sur la vicomté de l'eau de la ville de Rouen au chapitre de cette cathédrale.

Les vaisseaux des Croisés abordent en Tunisie où Saint Louis est atteint de la peste et meurt le 25 août. Malgré ce fâcheux événement, la plus grande partie de la flotte allait continuer sa route vers l'Orient, lorsqu'à la sortie du port de Tunis, elle est surprise par une tempête et presque anéantie. Dès lors, le fils aîné du roi, Philippe, ne put que ramener en France les débris de cette croisade, qui fut la dernière.

Ces expéditions si lointaines avaient donné des résultats tout opposés à ceux que l'on poursuivait. La Terre Sainte ne fut pas délivrée, mais on acquit en Orient de nouvelles connaissances dans les arts, dans les sciences et pour la médecine; on y trouva des sources de richesse par les débouchés ouverts aux produits fabriqués; on y découvrit des matières premières, des fruits exquis et des plantes rares; le commerce et la navigation allaient prendre un grand essor.

Pour obtenir l'argent nécessaire à de si longs voyages, les seigneurs avaient dû consentir l'affranchissement des villes et des campagnes, ce qui fut un immense soulagement. Les entraves étant adoucies, la bourgeoisie put étendre le domaine de son négoce; l'artisan s'appliquer avec cœur au perfectionnement de son industrie; le paysan cultiver sa terre avec plus de courage et de sécurité.

Et ce ne furent pas les seuls avantages dont les classes actives devaient profiter. Grâce à la sollicitude royale, accordant l'appel de toutes les sentences à son tribunal, les justices seigneuriales étaient tenues à des jugements plus équitables. Le fils de Saint Louis, Philippe le Hardi, imposa même aux nobles et au clergé de tenir régulièrement leurs assises à jours fixes et dans une salle spéciale, au centre de leur domaine. Donc, plus de condamnations arbitraires et plus de pertes de temps superflues.

Même l'archevêque de Rouen, Eudes Rigaud, contribuait au relèvement général, en s'appliquant avec une louable énergie à redresser les négligences et désordres qui s'étaient glissés dans les ordres religieux; lesquelles réformes il prit le soin de consigner dans un journal de ses visites pastorales.

Nous devons faire remarquer que dans la relation de ses

tournées (à l'occasion desquelles le seigneur du Bout-du-Bois était obligé de se présenter tête et pieds nus au passage de l'Epte pour guider sa monture en la tenant par la bride), ce prélat ne cite que les abbayes, prieurés, églises ou chapelles qui lui étaient signalés pour des abus ou défauts de service et encore d'autres qu'il découvrait sur sa route. Il ne faudrait donc pas conclure de son silence à l'égard de quelques fondations, pour dire qu'elles n'existaient pas, car il avoue lui-même que le IIII Kal. nov. 1265, c'est-à-dire vers la fin de sa carrière, il découvrit par pur hasard le prieuré de Saint-Etienne de Heuqueville, habité par trois moines de l'abbaye de Conches, qui se refusèrent à lui payer la somme assez élevée, à laquelle il avait pour habitude de taxer ses visites, en disant que jamais aucun archevêque ne les avait soumis à cette règle.

Dès son avènement au trône, Philippe III, dit le Hardi, dut organiser une expédition contre Roger Bernard, comte de Foix ; à laquelle il fit contribuer, suivant un rôle de 1271 : Simon, dit le sénéchal du fort de Meulan, pour 50 hommes et une charette ; la ville de Mantes pour 200 hommes et quatre charrettes ; la ville d'Andely pour 100 hommes et deux charrettes ; le sire Mathieu de Chaumont, représenté par Jehan de Bertenguel (Bertichères) ; le sire Jehan de Montchevreuil, remplacé par Jehan de Gagny ; Guillaume de Doncelles (Courcelles) ; Robert de Maleville (Malefilius) ; Hugues de Flaencort (Flavacourt) ; Guy Mauvoisin (de Rosny) ; Thibaut de Rielly (Reilly), etc.

A l'occasion de la réunion à la France des provinces du Languedoc et du Poitou, il y eut, en 1272, des fêtes de chevalerie à Tours, auxquelles parurent : du baillage de Senlis, Anselus miles de Gillocourt (Gérocourt), Rogerius miles de Seri (Sérans), Simon armiger de Magniaco (Magny), Theobaldus miles de Bailliaco (le Bellay), Matheus miles de Cléry, Robertus miles de Chailly (Sailly), Johanne et Guidonis VIII miles de Roca (Roche-Guyon), Guido miles de Néris (Nesles), Petrus armiger de Chistre (Chaumont-Quitry), Johannes miles de Heugny (Trégny près Ivry-le-Temple), Johannes de Montchevrel, Comes Damni martin (comte de Dammartin, seigneur de Moussy), Johannes et Henricus de Tria (Trie), Girardus de Fayelle (du Fayel), Guillelmus miles de Guery (Guiry); du baillage de Gisors, il y eut : Guido Mauvoisin miles, Mahi (Mathieu), miles de Chaumont, Richardus et Gaufridus miles de Rupe (Roche-Guyon), Guillelmus de Mezio (Mézy), Henricus de Mesio pro domina Pruilleio (Dame de Breuil).

Philippe le Hardi mourut le 6 octobre 1285, et eut pour successeur au trône son fils Philippe IV, dit le Bel, qui venait d'épouser Jeanne, reine de Navarre. Par une charte du 6 octobre 1298, ce roi donne à son frère Louis, comte d'Évreux, l'apanage du domaine de Meulan, dont les limites sont ainsi décrites : « Partant du donjon de Mantes jusqu'à la rivière « d'Eisé (Oise), de là en venant selon l'ancienne chauciée qui « est dite chauciée de Julien César, jusqu'en dehors Tillay « (à la haie des Gens-d'Armes) et d'illèques jusqu'au dit don- « jon (en suivant le chemin de Beauvais à Mantes), laissant « en dehors le cressement qui estant es fiés et arrière-fiés de « la Roche » (prit le nom d'accroissement de Magny et fut ajouté au comté de Chaumont).

Cette chaussée de Jules César étant restée la voie la plus fréquentée de Vexin, un arrêt du Parlement, en date du 4 mai 1306, régla la perception du droit de parcours sur « cal- « ceyam quæ dicitur Julius César... que incipit Sanctum « Clarum veniendo par Capellam recte ad molendinum de « Planchiâ » (venant de Saint-Clair par la Chapelle et passant près du moulin de la Planche, à Magny).

Le roi Philippe le Bel résidait assez fréquemment à Pontoise ; il s'y trouvait en 1311, lors de l'instruction du procès scandaleux qu'il fit intenter aux Templiers pour s'emparer des immenses richesses que ces hospitaliers avaient rapportées de la Palestine; et en 1313, lors de la visite du roi d'Angleterre, Édouard II, son gendre, et de la reine Isabelle, sa fille.

Jacques Molay, grand maître, et Guy d'Auvergne, commandeur des Templiers, brûlés sur le bûcher à Paris, avaient prophétisé que le pape et le roi de France comparaîtraient à court délai au tribunal de Dieu. Par une coïncidence extraordinaire, les deux souverains sont frappés de mort : Clément V le 20 avril 1314 et Philippe le Bel le 29 novembre suivant.

Alors le trône de France passa au fils aîné du roi, Louis le Hutin, auquel on dénonça l'ancien ministre Enguerrand de Marigny comme s'étant enrichi des dépouilles des Templiers; il est arrêté, traîné au Louvre, puis au Temple, et pendu au gibet de Montfaucon le 30 avril 1315. Toutefois, on reconnut plus tard avoir été trop sévère; son procès fut révisé et son corps fut transporté à Écouis, pour être déposé dans l'église collégiale qu'il y avait fait bâtir.

Ce règne de Louis X, déjà marqué par de nombreuses exécutions, allait avoir une affaire des plus retentissantes. La reine Marguerite de Bourgogne (reine Margot) et sa sœur Blanche, accusées de nombreux crimes et débauches, sont conduites au château Gaillard. A peine y étaient-elles arrivées, que le roi de France qui avait hâte de se remarier, fait étrangler sa femme avec ses propres cheveux (1315); mais il ne jouit pas longtemps des douceurs de son nouvel hymen, car le 5 juin 1316, il est emporté par les fièvres.

Ne laissant qu'une fille Jeanne, qui épousera, en 1329, le comte Philippe d'Évreux, fils de Louis, apanagiste de Meulan, la couronne de France échoit au frère du roi, Philippe V, dit le Long, ne devant lui-même la porter que quelques années, pour la transmettre, le 3 janvier 1322, à un autre frère Charles IV, dit le Bel. Celui-ci voit mourir ses deux fils et reste ainsi le dernier représentant mâle de la ligne directe des Capets. Cette impasse si inattendue frappe d'autant plus l'esprit public que l'extinction de cette famille semblait s'accorder avec la malédiction lancée contre elle par le pape Boniface VIII, en 1303.

Cependant, lorsque Charles IV mourut, tout jeune encore, le 31 janvier 1328, il laissait l'espoir d'un prince héritier, car sa jeune veuve, Jeanne d'Évreux, était enceinte; mais ce fut une fille qui vint au monde. Aussi, Jeanne quitta la cour de dépit et prit ses dispositions pour vivre dans la retraite; le 26 mars 1330, elle acheta de Marguerite de Meullent, dame de Gournay-sur-Marne, baronne de la Queue-en-Brie, femme du chevalier Jean de Rouvray, les seigneuries, chastel et chastellenie de Gournay-sur-Marne. L'énoncé des fiefs dépendant de cette seigneurie mentionne ceux de Milly et Sevran, tenus par les héritiers de Jean Grappin. Seraient-ce des ancêtres de Robert Grappin qui, en 1485, commencera la lignée des fameux architectes de Gisors et du Vexin ?

Quant à la couronne de France, elle échut à Philippe VI, fils de Charles de Valois, cousin germain des trois derniers rois ; mais il avait des concurrents. Le nouveau roi se débarrasse de l'un d'eux, Philippe comte d'Évreux, Mantes et Meulan en lui donnant la Navarre, part d'héritage auquel sa femme Jeanne avait des droits. La revendication la plus sérieuse était soutenue par Isabelle, reine d'Angleterre, qui, en sa qualité de fille de Philippe le Bel, poussait son fils Édouard III à faire valoir son degré de parenté.

Celui-ci débarque en Normandie le 12 juillet 1346, remonte la Seine jusqu'à Poissy, traverse le Vexin et le Beauvaisis, en laissant partout des traces de feu et de sang. A la nouvelle de cette invasion, le roi de France assemble la noblesse pour demander la formation d'une armée; dès que les troupes sont réunies, il cherche à cerner les Anglais dans la Picardie; ceux-ci le sachant à leur trousse, s'avancent vers le Nord et se campent sur les hauteurs de Crécy où, l'arme au poing, ils attendaient l'attaque des Français. Philippe VI les rejoint le 26 août 1346 et met tant de précipitation à engager la bataille, que le désordre le plus complet se met dans les rangs de ses compagnies ; aussi, malgré des prodiges de valeur, il essuie une défaite des plus sensibles, dans laquelle il perdit 11 princes, 80 bannerets, 1.200 chevaliers et 30.000 soldats. Presque toute son armée se trouvant anéantie, il ne put empêcher la reddition de Calais ; désormais incapable de réparer un si grand échec, Philippe de Valois termine sa triste carrière le 22 août 1350, en laissant une jeune veuve de dix-huit ans, Blanche de Navarre, qu'il venait d'épouser. Son fils Jean, issu d'un premier mariage avec Jeanne de Bourgogne, devait prendre la couronne dans des circonstances bien difficiles, ayant même contre lui le roi de Navarre, Charles le Mauvais, frère de la jeune reine douairière. Pour supprimer cette opposition, il va lui-même arrêter le roi Charles, en 1356, dans une fête à Rouen, et donne l'apanage du Vexin, dont ce prince disposait, à la reine Blanche. Cette jeune bénéficiaire s'éprendra à tel point des charmes de la contrée, qu'elle l'habitera jusqu'à sa mort, qui devait la frapper au château de Neaufle, le 5 octobre 1398.

Le roi Jean II avait porté lui-même le titre de comte du Vexin, et habité Pontoise, où sa femme, Bonne de Luxembourg, mit au monde, le 15 janvier 1342, un quatrième fils, Philippe le Hardi, duc de Bourgogne.

Afin d'empêcher les Anglais de s'étendre davantage dans le royaume, le roi Jean convoque les États généraux du nord de la France, le 30 novembre 1355, à Paris, et en obtient les subsides nécessaires à la formation d'un corps d'armée. Par une fatalité, sa première campagne donne lieu à une déroute complète, il est fait prisonnier à Poitiers le 19 septembre 1356 et enfermé dans la tour de Londres.

Ce nouveau désastre jette le pays dans une situation d'autant plus critique, que le jeune Dauphin Charles était encore incapable de diriger les affaires et que son oncle Charles le Mauvais, comte de Mantes et Meulan, remis en liberté par le Parlement, ne cherchait qu'à les embrouiller davantage.

La première vengeance de ce prince s'exerça contre la ville de Meulan dont le bailli Guillaume de Pertuis et le gouverneur Jean du Perchey, pleins de confiance, lui avaient ouvert les portes; il livre les maisons au pillage et aux flammes, fait massacrer les habitants les plus notables et emporte toutes les richesses avec les archives à Mantes (1358).

Sous prétexte de lui reprocher de pareils actes, le Dauphin fait mander Charles le Mauvais à Pontoise; cependant les deux princes se réconcilient et signent un traité d'amitié le 19 juillet 1358.

Cette heureuse entente facilite l'accord de Brétigny, près Chartres, avec les Anglais, stipulant la mise en liberté du roi Jean, qui débarque à Calais le 8 juillet 1360. Son assez longue captivité semble l'avoir rendu insensible aux malheurs du royaume; il se contente du règlement de quelques questions d'administration, entre autres la distraction de l'apanage de la reine Blanche de Navarre des terres du Vexin, possédées par l'abbaye de Saint-Denis et détaillées dans la charte du 16 mai 1363, comme suit : Montegerouldo (Montgeroult), Cormiliis (Cormeilles), Chars, Cergiaco (Cergy), Boissiaco (Boissy l'Aillerie). Au lieu de donner tous ses soins à la réorganisation des finances et de l'armée, il fait une visite au pape Urbain V à Avignon, et ne rêve que croisade. Dans l'espoir d'entraîner le roi Édouard en Palestine, il retourne à Londres, où il meurt le 8 avril 1364.

Son fils aîné Charles V charge le brave Du Guesclin de mettre le roi Charles le Mauvais à la raison; ce capitaine s'empare de Mantes, de Rolleboise et de Meulan, puis défait complètement les troupes du roi de Navarre, commandées par le captal de Buch, à Cocherel, près Évreux, le 16 mai 1364.

Enchanté de ces succès, le roi veut en fixer le souvenir par la fondation du monastère de la Trinité des Célestins de Limay, « in loco qui dicitur carreria Beati Albini de Limaio » (13 février 1370). C'est sur la charte de cette fondation que furent apposées, pour la première fois, les armes de France avec les fleurs de lys, réduites au nombre de trois en l'honneur de la Trinité [1].

De nouvelles hostilités venaient d'éclater entre la France et l'Angleterre, lorsque Édouard III mourut le 21 juin 1377, laissant le trône à son petit-fils Richard II.

Du Guesclin est tué le 13 juillet 1380 au siège de Randon, et son souverain, fondateur de la bibliothèque nationale, ne lui survit que quelques mois, pour transmettre, dès le 16 septembre, la couronne à son fils Charles VI. Ce prince n'avait alors que douze ans. Parmi ses conseillers et chambellans se trouvait Richard de Chaumont qui, par Renaud son père, était petit-fils de Mathieu de Chaumont et de damoiselle de Quitry. Ce seigneur prit part au siège de Bourbourg et mourut en 1390, laissant sa charge à son fils Guillaume de Chaumont, dit Lyonnel; le fils de celui-ci, Guillaume II, chevalier-capitaine de Sens et d'Auxerre, aura, à son tour, la charge de chambellan du roi; il perdra la vie au combat de Cravan en 1423, et ses biens passeront à son fils Charles, tué célibataire à la bataille de Verneuil-en-Perche, en 1434 [2].

Par une charte signée à Meulan en juin 1381, Charles VI eut à déclarer que les habitants du Vexin français, tout en dépendant de l'archevêché de Rouen pour le spirituel, avaient toujours fait partie de l'Ile-de-France; donc ils étaient restés Français et ne pouvaient être regardés comme Normands [3].

A tous les maux dont la France avait à souffrir, allaient s'ajouter les conséquences d'une nouvelle catastrophe dont les suites seront des plus terribles. Le roi Charles voulant châtier ceux qui avaient attaqué son connétable Olivier de Clisson, s'était mis en route pour la Bretagne; il est frappé d'insolation

1. Lévrier, vol. XV, f°. 269.
2. *Hist. de Chaumont*, par Frion.
3. Lévrier, vol. XV, f° 284.

dans la traversée de la forêt du Mans, le 5 août 1392, ce qui le rendit fou à l'âge de vingt- cinq ans.

Loin de désarmer les partis, cet événement excite les ducs d'Orléans et de Bourgogne à la convoitise du pouvoir ; de là, des rivalités qui précipitent le pays vers sa ruine. Le désarroi devient tel, qu'il n'y a plus de sécurité, même dans les villes ; partout les habitants sont obligés de former des compagnies de gardes civiques. En novembre 1411, les bourgeois de Mantes créent une compagnie d'arbalétriers, lequel exemple sera bientôt suivi par les villes voisines. Ce mouvement fut si rapide, que l'écuyer Guillaume l'Estendard étant installé le 5 juillet 1413 comme capitaine-gouverneur des ville et château de Meulan, y trouva 20 hommes d'armes, 19 arbalétriers, 1 canonnier et son valet.

A peine si la paix de Pontoise, signée le 8 août 1413, avait amené un apaisement entre les Armagnacs et les Bourguignons que déjà les Anglais, témoins de tant de tiraillements, se préparaient à envahir la Picardie. Tout aussitôt les seigneurs assemblent une nouvelle armée, dont la direction est confiée au connétable d'Albret ; celui-ci se poste à Azincourt, mais n'ayant pu imposer la discipline dans les rangs de ses troupes, il essuie une sanglante défaite le 25 octobre 1415. Le duc de Bourgogne profite de ce nouvel échec pour assiéger Pontoise en 1417 ; la ville est obligée de se rendre et reçoit Jean de l'Isle-Adam comme gouverneur. De leur côté, les Anglais paraissent en Normandie et assiègent Rouen, qui, dans la vaine attente de secours, subit un long siège pendant lequel 30.000 personnes meurent de faim ; cette ville finit par ouvrir ses portes le 19 janvier 1419. Dès lors, les Anglais s'avancent par Vernon, Mantes, Meulan, dont la garnison est passée au fil de l'épée, Pontoise, qu'ils prennent le 31 juillet, pour arriver devant Paris, qui fait sa reddition en 1420. Dans l'espoir de se rendre populaire en France, le roi d'Angleterre, Henri V, épouse la princesse Catherine, fille du malheureux roi Charles VI; puis s'installe au château de Vincennes, où pris d'un mal subit, il meurt le 31 août 1422, ne laissant qu'un enfant de huit mois pour lui succéder. Son corps étant transporté par la voie de Jules César à Rouen, traversa Pontoise le 15 septembre.

Lorsque Charles VI s'éteignit à l'hôtel Saint-Paul, le 21 octobre suivant, son fils Charles VII, âgé de vingt ans, dut se résondre à accepter une lourde tâche. Presque toute la France était au pouvoir des Anglais.

Bien des gens de cœur rêvaient sa délivrance, mais quel résultat pouvait-on espérer de tentatives isolées, comme celle du sire Jean de Graville, gentilhomme normand, se glissant, le 14 janvier 1423, par une nuit très froide, avec 500 hommes résolus, sous les murs de Meulan. Ils escaladent les remparts, exterminent la garnison du fort et y plantent la bannière de France. Déjà au 1er mars, le comte de Salisbury fait rentrer la ville sous son autorité.

Cependant, les capitaines La Trémoille, Richemond, Dunois, Lahire, Tanneguy-Duchâtel, Xaintrailles se révèlent comme tacticiens capables et hommes de guerre déterminés. Une fille du peuple, Jeanne d'Arc, se sent inspirée d'une noble mission; elle quitte ses parents et son troupeau de Domrémy en Lorraine pour aller trouver le roi à Chinon, où elle est reçue le 24 février 1429; elle sait mettre tant de persuasion dans ses dires, qu'elle finit par obtenir la direction des troupes; la victoire couronne ses efforts; comme premier exploit, Orléans est délivré; Charles VII est sacré à Reims, le 17 juillet 1429. On pouvait entrevoir la libération complète du territoire, lorsqu'à la défense de Compiègne, le 24 mai 1430, elle est livrée par trahison, transportée dans une cage de fer à Rouen, traduite devant un tribunal ecclésiastique, présidé par l'évêque de Beauvais qui, voulant flatter les Anglais, réputés les plus forts, la déclare coupable des plus grandes infamies et la condamne à être brûlée vive; sentence exécutée le 30 mai 1431.

Tant de cruauté soulève l'indignation de tous les vrais patriotes; de toutes parts éclate le cri de vengeance d'un pareil forfait. Les Anglais sentent l'approche de terribles représailles et croient en imposer en se livrant à de nouveaux excès dans le Vexin.

Pour éviter leur rapprochement des murs de Pontoise, le gouverneur, Gaz de Bouconvillers, fait raser le couvent des Cordeliers, sis à la Croix-Saint-Simon, hors la ville; malgré ces précautions, les Anglais s'emparent de la place, démolissent l'église Notre-Dame et l'abbaye de Saint-Martin, dont ils emportent les vases sacrés, tout en emmenant l'abbé Petrus Le Boucher en captivité à Rouen. Les habitants de la ville sont mis à contribution dans les années 1433, 1436 et 1437, pendant lesquelles ils s'attaquaient aux monuments religieux des environs; ils brûlent l'église et le cloître de Cergy, détruisent l'église d'Osny, abattent le prieuré de Villarceaux, ruinent le monastère de Nucourt (1432) [1], incendient l'église d'Avernes (1434), renversent l'église d'Hérouville (1435), et commettent nombre de dévastations, qu'ils étendent jusqu'en Picardie [2].

A force d'entendre le récit de tous ces actes de vandalisme, le roi de France se sent pris de honte de son inaction; il organise un corps de troupes pour mettre un terme à tant de des-

1. Des travaux de restauration exécutés à l'église de Nucourt, en 1891, ont mis à jour d'anciennes boiseries sculptées de la salle capitulaire de ce monastère, dont les matériaux furent utilisés par les Bénédictins à l'agrandissement de leur chapelle, devenue l'église paroissiale actuelle. Les trois travées de prolongement paraissent avoir été construites avec les pierres provenant des façades de cette salle; l'un des chapitaux de la nef indique pour ces travaux la date de 1451. Les poutres sculptées portaient au centre un écusson du XIIIe siècle (arc gothique renversé) aux armes du monastère, composées de trois têtes de clous carrés posées 2-1, ayant conservé des traces de peinture rouge sur champ d'argent. Cet écusson nous a fait retrouver les cintres des portes de cour du monastère, réédifiées dans le village, en 1793 par le maire révolutionnaire Nicolas Garnot. Les dites boiseries ont été données au musé de la Société historique de Pontoise.

2. André Duval. *Antiq. de Pontoise.*

tructions. Sans attendre cette entrée en campagne, le capitaine Joillet avait repris Meulan dès 1435, et le maréchal de l'Isle-Adam était rentré dans Pontoise; mais les Anglais revenaient toujours en plus grand nombre pour s'emparer des villes qui leur avaient échappées, et, à chaque reddition ils poussaient le cri de : « Saint Georges ville gagnée ! »

Le roi Charle VII assiège Pontoise, défendue par Talbot; ce n'est qu'après quatre années d'efforts qu'il réussit à s'en emparer, le 19 septembre 1445. De là, il poursuit ses succès pour reprendre les camp et places de Nicourt (Nucourt), Gisors, Gournay, Neufchâtel (1448), tout en s'avançant dans la direction de Dunois, qui guerroyait en Normandie. Le château Gaillard capitule en septembre 1449; Rouen ouvre ses portes le 10 novembre suivant, et toute la France se trouve bientôt délivrée[1].

Pour témoigner au Vexin français les satisfactions qu'il y éprouva au début de son action militaire personnelle, Charles VII recommande la rédaction des maximes féodales, déjà sanctionnée par Philippe-Auguste, en mai 1205, pour en composer le code qui, sous le nom de *Coutume de Senlis*, aura force de loi et servira de base à toute la juridiction locale. Le Vexin normand devait conserver le Code de Rollon, approuvé de même en novembre 1205.

En terminant l'historique de la guerre de Cent ans, nous devons faire ressortir que les Anglais chassèrent presque tous les titulaires des fiefs ou seigneurs du Vexin restés fidèles à la France, pour les remplacer par des hommes d'armes ayant embrassé leur cause. Le sire de Grainville, pour ne citer qu'un exemple, se battait pour les Anglais, lorsqu'en 1434-36, il fut fait prisonnier par Gamaches et dut payer 1.000 saluts à couronne pour sa rançon. Or, ce sire de Grainville devint, à cette époque, seigneur de Bouconvillers, Nucourt et environs à la place des anciennes familles expropriées de force. Henri,

1. *Hist. de Normandie*, par J. Goube, t. II, p. 226.

roi d'Angleterre, avait dépouillé de même M. Olivier de Magny de sa seigneurie de Cahaigne, pour en faire don, le 22 mai 1428, à M. Hortaux de Vaucloux [1].

TEMPS MODERNES

Le xve siècle qui marque le relèvement de la patrie française, fut aussi le témoin d'importantes découvertes.

Par l'emploi de caractères mobiles d'imprimerie, Gutenberg facilite la reproduction à de nombreux exemplaires des œuvres de tous les savants, ce qui permet la vulgarisation des sciences et des lettres dans les masses. Les trésors d'érudition accumulés dans les monastères par les travaux persévérants des religieux de tous ordres, peuvent être mis à la portée de tous ceux qui ont soif d'instruction et de savoir (1450).

En trouvant le secret de la fabrication de la poudre à canon, le moine Berthold Schwartz en généralise la production; l'emploi de cet engin met à jamais les peuples civilisés à l'abri de l'invasion des Barbares et précipite l'anéantissement de la féodalité.

Christophe Colomb, navigateur génois, découvre l'Amérique en 1492; ce fruit de son génie et de sa hardiesse persévérante étendra le domaine de l'activité humaine dans de larges proportions.

Vasco de Gama double le cap de Bonne-Espérance et, par cette tentative, ouvre, en 1498, la route maritime de l'Inde, de la Chine et du Japon, route supplantée de nos jours par le percement du canal de Suez.

Les essais de transmission de correspondance particulière du roi Louis XI sont le point de départ de l'admirable organisation des postes.

---

1. *Hist. arrond. des Andelys*. par La Rochefoucauld-Liancourt, p. 114.

Ce monarque, fils de Charles VII, crée l'ordre de Saint-Michel, destiné à récompenser les actions d'éclat, et use de tous les moyens pour asseoir sa domination. Ses nombreux démélés avec les grands feudataires du royaume attirent, en 1472, Charles le Téméraire, duc de Bourgogne, devant Beauvais, laquelle ville est sauvée par l'énergie patriotique de Jeanne Hachette. Forcés de lever le siège, les Bourguignons allaient traverser le Vexin pour atteindre la Normandie, lorsqu'une trève, habilement conclue, coupa court à ce danger.

Louis XI finit par imposer son autorité absolue, et cela grâce à une série d'entreprises ténébreuses auxquelles il employait ses conseillers favoris, qu'il récompensa largement pour les frapper à leur tour. Olivier le Daim reçut, en 1474, le titre de comte de Meulan avec les revenus de ce domaine; puis, tombé en disgrâce, il fut pendu en 1483. Jehan de Kerguedlanen eut l'apanage du comté de Chaumont, détaché en sa faveur du baillage de Senlis pour ressortir directement du Parlement de Paris (22 novembre 1482). La Balue, fils d'un tailleur, est élevé à la dignité d'évêque d'Evreux, même au cardinalat, pour terminer ses jours dans une cage de fer, supplice de son invention. Tristan l'Ermite voit sa condition de simple valet changée en celle de héraut d'armes et d'exécuteur des hautes œuvres. Saint-Pol, élevé au rang de connétable puis, convaincu de trahison, est décapité en 1475. Coitier, médecin du roi, d'abord enrichi, sera plus tard dépouillé et exilé. Philippe de Commines, ami et conseiller du duc de Bourgogne, se laissa gagner à prix d'argent et devint ministre de France.

Tant de sourdes machinations ne devaient pas laisser la conscience du roi en repos, il est pris lui-même de l'angoisse de sa fin prochaine et tremblant de peur, il se barricade dans son château de Plessis-lès-Tours, où il expire le 30 août 1483. Son régime arbitraire avait tellement terrorisé tous les partis, que la nouvelle de sa mort fut un soulagement général.

Son fils Charles VIII n'ayant que treize ans, les princes du sang se préparaient à l'assaut du pouvoir, lorsque Anne de Beaujeu, sœur du jeune roi, sauve la situation en convoquant les États généraux pour le 15 janvier 1484.

Le baillage de Gisors y députe l'abbé de Notre-Dame de Mortemer, Monseigneur de Ferrières, seigneur de Gisors, et Me Robert de Vieu; le baillage de Mantes, comprenant Meulan, y sera représenté par Me Guy le Gentilhomme, Mre Pierre d'Aumale et Mre Robert de Nesmes; le baillage de Senlis, dont dépendait Pontoise, y enverra Me Guillaume le Fuzier. Dès que les grands seigneurs eurent obtenu ce qu'ils désiraient, ils conseillèrent au jeune roi, déclaré majeur, de prononcer la clôture des séances, en laissant espérer une solution équitable pour les autres vœux exprimés.

Toutes les difficultés paraissant ainsi aplanies, les négociants et artisans reprennent confiance; ils se livrent à l'exploitation des nouvelles découvertes, d'où il résulte un mouvement intellectuel et commercial inconnu jusque-là. Les premiers explorateurs des nouvelles contrées en rapportent tant d'or et de richesses, qu'à l'aurore du XVIe siècle, sous le règne de Louis XII, surnommé le Père du Peuple, la terre aura décuplé de prix, le luxe des grands sera inouï.

Lors de la venue à Pontoise du roi de France et d'Anne de Bretagne, sa femme, le 28 octobre 1508, il y eut des fêtes splendides; c'était à qui surpasserait son voisin par la profusion des décorations et l'étendue des embellissements.

Cette augmentation générale dans les fortunes ne manqua pas de soulever bien des difficultés dans les transmissions de biens par héritages; car l'absence d'actes publics établissant la filiation dans les familles, devait rendre les usurpations très faciles. D'où la nécessité de l'état civil et création de registres pour l'inscription des naissances, des mariages et des décès, ordonnée en 1509 dans toutes les paroisses. Toutefois, les habitants ne comprenant pas toute l'utilité de cette mesure, ne s'y soumettaient qu'à contre-cœur; il leur répugnait de se sentir contrôlés. Aussi, faudra-t-il les édits de 1539, 1579, 1595,1625, 1635, 1667, 1691 et 1695, c'est-à-dire près de deux siècles de persévérance pour généraliser cette obligation par toute la France.

L'argent se répendant dans toutes les classes de la société, donne à chacun le moyen d'augmenter son bien-être. On sent le besoin de demeures plus spacieuses et plus confortables. De là, un élan général qui enfante les merveilles de la Renaissance.

Rien ne pourrait dépeindre l'effervescence qui se produisit dans les esprit et gagna jusqu'aux souverains pontifes. Ceux-ci rêvent d'éblouir le monde par la magnificence d'une nouvelle basilique : Saint-Pierre de Rome, et par la majesté d'un nouveau palais : le Vatican. La réalisation de si grandes conceptions allait demander des sommes considérables. Les revenus et aumônes étant incapables de fournir tout l'argent nécessaire, le pape Léon X a recours à la vente des indulgences; mais la faveur de ce débit, accordée à certains ordres privilégiés, produit des mécontents; il en résulte une protestation qui ébranlera toute l'Église.

Le moine augustin Martin Luther, s'inspirant des idées de réforme que Jean Huss et Jérôme de Prague avaient expiées sur les bûchers de Constance, en 1415-1416, dénonce ouvertement les abus, combat la hiérarchie et prêche le retour à la simplicité si touchante de la vie et des doctrines de Jésus-Christ (15 juin 1520). Il trouve un émule dans le chanoine de Noyon, Jean Calvin, qui vient faire entendre sa parole incisive dans le Vexin. Un des premiers adeptes à sa morale, le seigneur d'Hazeville, lui fournit une retraite près d'Arthies, dans le lieu que la malignité publique a baptisé du nom d'Enfer. Il y écrit son *Institution chrétienne*, ouvrage longtemps conservé dans la famille de son bienfaiteur, et enfin brûlé sur les instances d'un curé d'Avernes.

On ne pouvait prévoir tous les changements que ces innovations et progrès apporteraient dans les habitudes; il y eut des crimes et délits pour lesquels le Code du Vexin, octroyé par Charles VII, n'avait pu indiquer les peines à appliquer; il fallut songer à le remanier. Dans ce but, le roi François Ier charge le maître des requêtes André Guillard, le procureur général Nicole Thibaut et le greffer Roussel d'assembler les notables et les jurisconsultes des districts intéressés. Ceux-ci convoquent pour la chatellenie de Pontoise : l'archevêque de Rouen, les abbés de Saint-Martin-sur-Viosne et du Val-Notre-Dame, le doyen du chapitre Saint-Maclou de Pontoise et celui de Notre-Dame de Paris (pour la seigneurie d'Andrésy), les prieurs de Saint-Pierre de Pontoise, de Saint-Rémy de Marines, de Valmondois, de Gouzangrez, d'Auvers, de Saint-Gadegrand de l'Isle-Adam; les curés de Saint-Maclou, de Notre-Dame et de Saint-Pierre de Pontoise, de Nesles, de Labbeville, de Jouy-le-Moutier, de Saint-Ouen-l'Aumône, d'Epiais, de Grisy, de Haravilliers, du Haulme, de Bréançon, de Génicourt, d'Ennery, de Gérocourt, de Cormeilles, d'Osny, de Boissy-l'Aillerie, de Montgeroul, de Courcelles, de Puiseux; Mre de Montmorency seigneur de l'Isle-Adam, Claude de Montmorency, chevalier-capitaine de Pontoise, Adrien Tiercelin seigneur de Marines, le chevalier d'Orgemont seigneur de Méry, Antoine de Cugnac seigneur de Nesles, le chevalier Jacques d'Ampichou seigneur du Rosnel, le chevalier Nicolas de Pilloix seigneur d'Ableiges, le chevaliar Georges d'Ançoy seigneur de Chavançon, Barthélemy de l'Ile seigneur d'Andrésy, Pierre d'Epinay seigneur de Bréançon, l'écuyer Jean de Dampont seigneur d'Ws, Bertrand et Christophle de Dampont, Guillaume de Montblaru écuyer, Charles de Guiry, Joachim de Villiers écuyer, Jean Barjot seigneur de Moussy, damoiselle Françoise de Ferrières dame d'Amblainville, André de Dampont seigneur de Cormeilles, Nicolas Crespin seigneur de Bercagny, Jean Dauvergne lieutenant du bailli de Senlis à Pontoise, Guillaume

Crespin prévost-maire de Pontoise, Edmond Damesme avocat du roi, Pierre Guériteau procureur du roi, Nicolas Deslions, Michel Duval, Jean Oger conseiller, Jean Fruitier gouverneur de Pontoise, Guillaume Regnier procureur; pour la chatellenie de Chaumont et accroissement de Magny, il y eut les curés d'Enancourt, Léage, d'Hardivillier, Jean Villery curé de Guiry doyen de Magny, dom Jacques de Marigny prieur de Boury, l'abbé de Saint-Germer de Flay, Louis de Silly seigneur châtelain de la Roche-Guyon, l'écuyer Gilles de Chaumont seigneur de Boissy, le chevalier Jean de l'Isle seigneur de Mariaux (Magnitot), l'écuyer Charles Pellevé, seigneur de Jouy, l'écuyer Guillaume Pillavoine seigneur de Villarceaux, dame Jacqueline d'Éstouteville, pour ses seigneuries de Trie, Fresnes, l'Aiguillon et la Roche-Guyon en partie, Nicolas Deslandes lieutenant du bailli de Senlis à Chaumont et à Magny, Jean Neesle prévost forain, André Bouyer prévost de la ville de Chaumont, Jean Le Couturier procureur, Simon de Gamaches, Theaulmet Petit, Pierre Legros seigneur d'Archemont, Jean de l'Épinay, Bastien d'Avernes, Guillaume de Bourront, Jean Isart, Renaud Flameng, Jean Mennessier aîné, etc., etc. Parmi les membres du Tiers-État, il y en eut même de l'État de laboureur. Les discussions pour la rédaction de chaque article sont ouvertes à Senlis, le 16 août 1539, et continuées jusqu'à complète refonte de la dite Coutume [1].

A cette époque le pont de pierre, établi par Aledranus, était dans un tel état de dégradation, qu'en 1535 on avait dû lui substituer une passerelle en bois. En vue de sa reconstruction, la ville de Pontoise adresse une demande de secours au roi, qui s'entremit pour faire désigner cette ville comme seule station du jubilé de 1550 dans toute la Normandie. Ce devait être une source très importante de revenus, à provenir de l'affluence énorme des pèlerins attirés par cette solennité. On

1. *Commentaires sur la Coutume de Senlis*, par S. Leu, avocat, 1710.

en compta plus de 100.000 dans la seule journée du 8 septembre. Toutefois, le cardinal de Vendôme, archevêque de Rouen, y mit la condition que le surplus des aumônes serait employé à la reconstruction de l'église Notre-Dame de Pontoise, détruite par les Anglais.

En 1543, le comté de Chaumont avait été érigé en baillage spécial avec prévost forain, ayant mission d'y rendre la justice et de tenir des assises à Magny, régulièrement tous les quinze jours.

Les prédications de Luther et de Calvin ayant décidé nombre de personnes à se convertir à leurs idées, il se forma deux camps opposés dont l'antagonisme religieux, exploité par les habiles, menaçait de mettre la royauté en péril. Celle-ci croit tout sauver en s'opposant au mouvement des esprits; elle prend le parti de sévir.

Un des premiers disciples de Calvin, Jean Cottin, habitant de Gisors, est arrêté à cause de son prosélytisme dans le Roumois, condamné et brûlé vif sur la place du bûcher de Jeanne d'Arc; ses compagnons, les frères Pollet, sont pendus à côté de lui; Guillaume Guéroult, leur ami, ne dut son salut qu'à la fuite; il rejoignit Calvin à Genève, en 1553[1]. Les principaux magistrats de la ville de Pontoise: Jean Boicervoise, lieutenant civil et criminel du bailli de Senlis; Charles Choart, prévost vicomtal et garde des sceaux de la chatellenie; David Aubéry, avocat du roi, sont condamnés à la potence, avec confiscation de leurs biens, pour avoir assisté à des prêches (1562)[2].

Malgré la répression si sévère, la réforme ne cesse de gagner des partisans; le gouvernement s'en irrite et fait éclater le fanatisme; les tribunaux de l'inquisition et les bûchers se multiplient. Tout comme Néron, le roi François II peut offrir

---

1. *Hist. arrond. des Andelys*, par La Rochefoucauld-Liancourt.
2. *Hist de Pontoise*, par Jos. Dépoin.

à sa cour le spectacle de chrétiens martyrisés pour leur foi. La duchesse de Guise, s'étant trouvée mal à la vue de ces exécutions, eut le pressentiment des plus cruels châtiments.

Avec le désir d'éviter la guerre civile, le chancelier de l'Hôpital engage les partis à s'expliquer, afin d'arriver à s'entendre. Sur ses instances, les députés de la noblesse et du tiers-état s'assemblent le 1er août 1561, à Pontoise; ils réclament la liberté religieuse, la réforme du clergé, l'unité dans la justice, le vote des impôts par la nation, l'emploi des biens du clergé à l'extinction de la dette du royaume, la liberté de circulation pour le commerce, etc., etc. ; mais on ne fit droit à aucune de leurs demandes. Les députés du clergé ouvrent le Colloque de Poissy, dont les séances se poursuivent du 9 au 26 septembre 1561, en présence du roi Charles IX, de Catherine de Médicis, sa mère, et de nombreux dignitaires de l'église; Théodore de Bèze, ami de Calvin, discute avec le cardinal de Lorraine les divers articles de foi ; on ne tarde pas à reconnaître que toute conciliation est impossible. Il en résulte une excitation qui amène le massacre de Vassy, dirigé par le duc de Guise, en 1562[1].

Au milieu de ces temps troublés, le baillage de Chaumont est rattaché, en 1563, au baillage de Senlis, et la paroisse de Magny devait ressentir les bienfaits de son seigneur Nicolas IV de Neufville-Villeroy, d'Hallaincourt, etc., qui, par son influence auprès du roi, obtient, en 1566, l'érection de l'accroissement de Magny en baillage séparé de Chaumont et l'élévation du simple village au rang de ville, qui sera entourée de murs et de fossés, avec portes fortifiées aux principales entrées.

Catherine de Médicis voulant se débarrasser des protestants à toute force, arrache à son fils Charles IX le consentement à un massacre général, fixé à la nuit de la Saint-Barthélemy, 24 août 1572. L'égorgement fut horrible; le sang coula pen-

1. *La Ligue de Pontoise*, par Henri Le Charpentier.

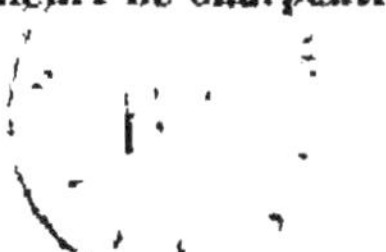

dant trois jours dans les rues de Paris ; même ceux qui réussirent à s'échapper de la capitale furent poursuivis jusqu'en province, où de pareilles boucheries étaient ordonnées dans les principales villes.

Moulaffier, capitaine des écumeurs, avait reçu la mission de supprimer les huguenots du Vexin ; pour mieux surveiller les routes, il établit son quartier général à Montjavoult[1]. Le jeune du Plessis-Mornay (futur ministre de Henri IV), qui avait pu sortir de Paris, dut employer bien des ruses pour arriver jusqu'à Lû, où sa mère, habitant Buhy, le fit quérir par son domestique Saturnin. Cette dame se trouvant désignée elle-même, dut se mettre sous la protection de sa tante, madame de Fouilleuse de Flavacourt, au château de Montagny, alors défendu pas une grosse tour armée de couleuvrines[2].

Comme ces agents n'osaient pas s'attaquer aux fonctionnaires publics, il fallut un arrêt du Parlement de Rouen, en date du 20 novembre 1572, pour inviter Me Jacques Gilly, vibailli de Gisors, à se séparer du protestantisme, sous peine de perte de sa place et d'autres désagréments.

Charles IX ressentit bientôt les effets d'une faute si grave ; il ne pouvait effacer de sa mémoire le spectacle sanglant de la Saint-Barthélemy, et voyait partout des fantômes ; ces angoisses le privaient de tout repos. Ses médecins ayant épuisé toutes les ressources de leur art, sans arriver à lui rendre le sommeil, et ne sachant plus quel traitement ordonner, lui conseillent les distractions et fatigues au grand air. Il se livrait donc à de grandes parties de chasse, qui l'amenèrent dans la forêt de Lyons, où, emporté un jour par l'ardeur de la poursuite, le roi se trouva séparé de son escorte et forcé de chercher son chemin. Le basard le conduisit à Noyon-sur-Andelle, dont il trouva le site si attrayant qu'il

1. *Hist. de Chaumont*, par Frion.
2. *Hist. de Magny*, par Feuilloley.

décida d'y avoir une résidence. Le 11 avril 1573, il achetacette terre de Philippe de Boulainvillers, comte de Dammartin, et chargea son architecte Baptiste Androuet du Cerceau d'y construire un château; mais les travaux en furent interrompus par sa mort, le 30 mai 1574. Les habitants du lieu se trouvèrent si flattés de cette faveur royale, qu'ils voulurent en marquer le souvenir en remplaçant le nom de Noyon par celui de Charleval, toujours maintenu depuis.

Dans l'espoir de s'emparer du trône de France, le duc de Guise, Henri le Balafré, fonde, en 1576, le parti de la Ligue, ou fédération des catholiques; lequel danger Henri III cherche à conjurer par la convocation des États généraux à Blois. Le baillage de Gisors y sera représenté par M. David Bourdon, chanoine d'Andely, le seigneur de Maineville, Jean l'Anglais et Jean Acatt; le baillage de Mantes et Meulan par M. Antoine Gamaches, doyen de Mantes, le seigneur de Liancourt (la Roche-Guyon ?), Jean Phiseau, Jacques Bion et Eustache Pigis; le baillage de Senlis par le révérend père Jean de Brouilly, abbé de la Victoire-lès-Senlis, le seigneur de Jouy et Me Jean Painnart pour Senlis et le baillage de Chaumont-en-Vexin[1]. La première assemblée, en décembre 1576, n'ayant donné aucun résultat, il y eut une nouvelle réunion en octobre 1588, à laquelle le baillage de Magny put se faire représenter par le curé de Chaussy pour le clergé, M. de la Fontaine pour la noblesse et Nicolas Leclerc pour le tiers-état[2]. La principale résolution votée fut l'extermination des hérétiques; mais le refus des subsides nécessaires devait mettre le roi dans un grand embarras; c'était une manœuvre du parti des Guises qui ne négligeaient aucun moyen de se rendre plus populaires.

Pendant ces démêlés politiques, le pont de Pontoise subit,

---

1. *États de Blois*, Sonnius et Chevalier, 1614.
2 *Hist. du Canton de Magny*, par Feuilloley, p. 62.

en 1579, une nouvelle catastrophe ; l'une des piles s'étant déversée, les deux arches qui s'y appuyaient s'écroulèrent et il fallut prélever une part sur l'impôt des tailles pour le remettre en état.

Toujours relancé par le clergé, Henri III se résigne à jurer dans la cathédrale de Rouen qu'il pourchassera les protestants avec la dernière rigueur ; puis la Ligue, jugeant qu'il ne frappait pas avec assez de violence, propage l'esprit de révolte. Nombre de villes se déclarent contre le roi, qui est obligé d'entrer en campagne pour les ramener à l'obéissance ; il reprend Poissy, puis assiège Pontoise, que tenaient Mrs d'Hallaincourt et de Hautefort, secondés par le chevalier de Flavacourt et le seigneur de Sérans (juin 1589). Afin de dégager les abords de leur place, les assiégés détruisent l'église Notre-Dame, un des plus beaux sanctuaires de l'époque (14 juillet). De Pontoise, Henri III passe à Saint-Denis et rentre à Saint-Cloud où, le 1er août 1589, il meurt assassiné par le jeune moine dominicain Jacques Clément.

Avant d'expirer, le roi de France avait désigné son cousin Henri de Navarre pour son successeur ; mais celui-ci était huguenot et, comme tel, devait se heurter à bien des résistances. Après avoir conduit le corps du dernier des Valois à Compiègne, il se prépare à une longue lutte qui fera connaître la valeur de ses armes. En commençant par le Voxin, il traverse Pontoise et couche au château de Marines, d'où il envoie le maréchal de Biron occuper Gisors le 10 août ; lui-même prend le chemin de Magny, par Chars, Nucourt, et fait camper ses troupes sur le plateau de Velannes qui domine la ville ; puis apparaît, le 20 août, à Gisors, où il s'installe chez le sire de Grainville, près du pont de l'Horloge ; il en repart le lendemain pour marcher par Andely sur Rouen [1] ; arrivé à

1. *Mémoires d'un Bourgeois de Gisors*, transcrits par H. Le Charpentier et Alf. Fitan.

Darnétal, il reconnaît que ses forces ne lui permettent pas d'attaquer la capitale de la Normandie et se replie par Dieppe sur Eu.

Les chefs de la Ligue, ducs de Mayenne et de Nemours, lancés à sa poursuite, traversent Mantes, Vernon pour camper le 4 septembre à Étrépagny ; ils s'emparent de Gournay, défendu par le duc de Longueville, livrent cette place au pillage et se dirigent sur Dieppe. Dans cette marche, ils rencontrent l'armée du Béarnais à Arques et trouvent ainsi l'occasion de s'y faire battre le 21 septembre.

Cette défaite les oblige à rebrousser chemin ; ils arrivent le 28 décembre aux portes de Pontoise, placée sous la garde de Pierre de Mornay, seigneur de Buhy; en profitant de la glace formée sur les fossés de la ville, ils escaladent les murs de la place le 6 janvier 1590. Après avoir confié la garde de Pontoise à M. Charles de Neufville-Villeroy d'Hallaincourt, ils vont attaquer Meulan, mais ne réussissent pas à prendre le fort, défendu par le sire de Bellengreville. Les seigneurs de Charmont, de Boury, de la Barre et de Liancourt les forcent à lever le siège et les refoulent jusqu'au rû de Guiry, ce qui occasionne la destruction de l'église d'Avernes qui avait été reconstruite en 1491 par dame Katherine d'Hardeville.

A la nouvelle de la marche du roi de Navarre sur Rouen, ils tentent de se porter au secours de cette place, mais sont obligés de rétrograder jusqu'à Poissy. De dépit, ils se rejettent sur Dangu, Beausseré, Courcelles, Boisgelou, Latainville, Reilly, Hérouval, Valécourt, Chambors, Saint-Paër, Trie-Château, Trie-la-Ville, que dans les journées du 24 au 27 février ils livrent au pillage et aux flammes. Après ces hauts faits, Mayenne va se reposer à Magny, pour y attendre l'arrivée d'un corps d'Espagnols. L'approche de ces auxiliaires lui étant signalée, il se rend à Chaumont-en-Vexin pour les recevoir et les diriger par le chemin des Gens-d'Armes, Nucourt, Arthies, puis Maudétour sur Dreux ; mais il rencontre l'armée du roi à Ivry-la-Chaussée et essuie là une nouvelle défaite, le 12 mars.

Ainsi repoussé, il passe la nuit à Mantes et, reprenant le chemin de la capitale, il gagne Pontoise, où il donne le temps à ses troupes de se refaire, puis il marche sur Saint-Denis.

De son côté, Henri de Navarre était allé coucher au château de la Roche-Guyon, d'où il espérait couper la retraite à Mayenne, mais il ne réussit qu'à capturer une partie de ses bagages dans Mantes. Passant ensuite chez le duc de Sully, à Rosny, il arrive à Vernon et reparaît à Gisors le 21 mai. Après avoir confié la garde de cette ville au comte de Saint-Pol, assisté de Mrs de Mailly, de Roncherolles et de Voulencourt, il prend la direction de l'Isle-Adam.

M. de Saint Luc, gouverneur du Pont-de-l'Arche, s'emparait le 25 septembre de la place de Lyons-la-Forêt.

Par bien des signes, le roi de Navarre avait pu se convaincre que les habitants du Vexin lui gardaient une certaine hostilité, il fallait donc les forcer à une soumission tacite ; le seul moyen était de les harceler par des patrouilles incessantes ; ses troupes visitent tour à tour : Magny, Mantes, Gisors, Vernon, la Roche-Guyon, Chaumont commandé par M. de Quitry, Écouis, Saint-Clair-sur-Epte, Étrépagny, Saint-Germer, dont l'abbaye est pillée.

Biron s'empare, le 15 juin 1591, du château Gaillard, dominant Andely. Ce capitaine se trouve, le 3 juillet, avec le roi à Magny, d'où il envoie quelques compagnies à Montagny. A la vue de ces troupes, les habitants du village se réfugient dans le château habité par Mme de Flavacourt, mère du bailli de Gisors; les soldats l'assiègent et mettent le feu au pied de la grosse tour, dans laquelle quatorze femmes et enfants périssent étouffés par les flammes et la fumée. Non apaisés par cette triste équipée, ces mercenaires s'attaquent aux villages environnants pour y commettre des pillages et des destructions.

Complètement désorientés par les défaites essuyées à Arques

et à Ivry-la-Bataille, le parti de la Ligue a recours à une assemblée de cardinaux et d'évêques à Mantes; le roi de Navarre s'y présente pour déclarer qu'il veut le libre exercice de la religion pour tous et le respect de la foi de chacun. Cette affirmation irrite à tel point un religieux cordelier de la ville, qu'il jure de tuer le souverain; mais l'affaire étant ébruitée, ce sectaire est arrêté, jugé et exécuté sans délai.

Le mot d'ordre du clergé étant de pousser à la révolte, le curé de Chars fournit des armes à tous ses paroissiens, qu'il place sous le commandement du ligueur acharné Louis Maubert; celui-ci se retranche dans le château du dit lieu. Pour réduire ce soulèvement, Henri de Navarre fait passer, vers la fin d'août, un détachement d'éclaireurs béarnais par Puiseux, Boissy-l'Aillerie, Montgeroult, avec ordre de prendre position à Cormeilles; lui-même part de Gisors, contourne Chars, traverse la Viosne à Ws et rejoint aussi Cormeilles, où il établit son quartier général dans la maladrerie. Toutes ses dispositions étant prises, il s'avance sur Chars, qu'il bombarde, et réduit le château en ruines [1].

Un secours de 4.000 Anglais permet à Biron de s'emparer de Gournay, défendu par le capitaine de Falaise (28 septembre); il y fait pendre le jacobin Broussin, qui ne cessait de prêcher la guerre civile, et place la ville sous le commandement du sieur de Vardes [2].

Pendant une absence du comte de Soissons, capitaine de Magny, qui s'était rendu, dans la journée du 14 novembre, à Gisors, ses troupes allèrent piller les villages les plus rapprochés. Ce dut être la cause de l'abandon définitif du monastère de Nucourt.

A force de mouvements militaires et d'exécutions, le pays paraissait assez intimidé, pour que le roi pût se décider, le

1. *La Ligue de Pontoise*, par H. Le Charpentier.
2. Mémoire d'un bourgeois de Gisors.

5 février 1592, à traiter avec la duchesse de Longueville, qu'il autorise, avec ses filles, à rentrer au château de Trie, mais ce moyennant une indemnité de 75.000 écus.

Enfin, le 1er novembre, M. d'O, mandataire du roi, et M. d'Hallaincourt, agent de la Ligue, qui obtient une indemnité de près de deux millions, signent une trêve de sept mois. Le Vexin allait donc se trouver débarrassé d'une partie des troupes dont il supportait la charge depuis si longtemps.

Mais le brusque retrait de ces hommes d'armes livre la province à des ennemis encore plus redoutables. Un sieur Le Broc forme avec quelques habitants de Villers une compagnie de détrousseurs de grands chemins ; pour exercer leur coupable industrie, ils choisissent comme quartier général une masure d'Authevernes, près la grande voie de Rouen. Une autre association de ces gens sans aveu établit son repaire à la Muette de Boubiers, près le chemin des Gens-d'Armes, ou grande voie de Beauvais.

Toutes ces calamités furent encore dépassées par les dégâts d'un orage épouvantable qui éclata le lundi 28 juin 1593. La valeur des récoltes détruites, des toitures défoncées et du bétail tué en plaine, se chiffrait par des millions. A Vétheuil, à Mantes, à Montjavoult et dans d'autres localités, on ramassa des grêlons d'une grosseur extraordinaire, soi-disant du poids de plusieurs livres.

Henri de Navarre, déjà fatigué de guerroyer et de vaincre sans arriver à gagner la confiance de ses sujets, ne peut résister à la vue de tant de souffrances ; il prend le parti d'abjurer, lequel acte il accomplit à Saint-Denis le 25 juillet. Cette preuve de sacrifice lui gagne le cœur du peuple qui marque sa reconnaissance par des feux de joie, à Paris et dans les provinces.

Après l'apaisement général, une de ses premières visites fut pour le Vexin ; il arriva à Gisors le 21 octobre en compagnie de Gabrielle d'Estrées, dame de Liancourt, pour assister, le lendemain, à la messe dans l'église Saint-Gervais et Saint-Protais.

Son sacre eut lieu en l'église de Chartres le 27 février 1594. Cette sanction religieuse décide la ville de Paris à lui ouvrir ses portes le 22 mars ; la ville de Rouen en fait autant le 27 mars. Henri IV pouvait enfin s'asseoir sur le trône de France.

Pour témoigner sa confiance dans la fidélité des habitants du Vexin, il consent à la démolition du château Gaillard, demandée par les États de Normandie. L'archevêque de Rouen, Charles III de Bourbon, s'empresse d'y puiser des matériaux pour la construction de son château de Gaillon ; les moines pénitents et les capucins en profitent pour l'extension de leurs maisons des Andelys.

Dès le 27 décembre 1594, le poignard de l'élève des Jésuites, Jean Châtel, l'avertit des complots qui se trament contre lui ; mais, en bon souverain, il n'en continue pas moins à travailler pour le bonheur de la France. Afin d'apaiser les rivalités entre ses sujets, il leur accorde, le 13 avril 1598, la liberté de conscience par l'édit de Nantes ; pour assurer la vie abondante et à bon marché, il favorise le commerce, l'industrie et la navigation, il encourage l'agriculture et l'élevage du bétail ; en vue d'assurer la gloire et la prépondérance du pays, il nourrissait de grands projets de politique extérieure. Tous ces généreux efforts sont interrompus, le 14 mai 1610, par l'attentat de François Ravaillac. La France eut à pleurer la perte d'un bon roi.

Le dauphin était encore si jeune que la reine Marie de Médicis dut se charger de la régence. Aussitôt la majorité de Louis XIII, elle décide l'assemblée des États généraux pour le 14 octobre 1614. Les députés du Vexin furent pour le baillage de Gisors : clergé, Mre Claude Bauquemarre, prieur de Sausseuse et de Cresseville ; noblesse, Mre Philippe de Fouilleuze, chevalier-seigneur de Flavacourt, bailli de Gisors ;

tiers-état, Me Julien Le Bret, conseiller du roi, vicomte de Gisors ; pour le baillage de Mantes et Meulan : clergé, l'évêque de Chartres ; noblesse, Mre Louis de Tilly, chevalier-seigneur de Blaru, lieutenant de cent gentilshommes ; tiers-état, M. Jean Le Couturier, conseiller du roi, lieutenant civil et criminel au baillage de Meulan ; pour le baillage de Senlis-Pontoise : clergé, le cardinal de la Rochefoucault, évêque de Senlis ; noblesse, Mre Louis de Montmorency, chevalier-seigneur de Bouteville, bailli et gouverneur de Senlis, vice-amiral de France ; tiers-état, Me Philippe Loisel, écuyer, conseiller du roi, lieutenant-général au baillage de Senlis, et Mre Gabriel de Monthiers, écuyer-seigneur de Saint-Martin, conseiller du roi, lieutenant du bailli de Senlis à Pontoise ; pour les baillages de Chaumont et Magny ; clergé, Mre Jacques Icart, prieur de Magny ; noblesse, Mre Pierre de Roncherolles, chevalier-seigneur et baron de Pont-Saint-Pierre ; tiers-état, Me Louis le Porquier, prévôt lieutenant général aux baillages de Chaumont et Magny et Me André Jorel, écuyer, seigneur de Saint-Brice, lieutenant général civil et criminel de Magny [1].

L'ordre du clergé choisit pour son rapporteur l'évêque de Luçon, Mre Armand Jean du Plessis-Richelieu, qui se fera remarquer par des prodiges d'éloquence et de fine diplomatie ; la reine régente, reconnaissante du vote de confiance qu'il lui fait obtenir, l'admet au conseil royal et le charge de la direction des affaires étrangères, poste occupé depuis plus de quarante-sept ans par Mre Neufville de Villeroy. La fermeté et l'habileté du nouveau ministre prépareront le règne si brillant et si glorieux de Louis XIV.

A la mort de ce grand homme d'état (4 décembre 1642), sa charge est donnée à son ami le cardinal Mazarin. Celui-ci joignait à de grandes qualités de diplomate un caractère onctueux et cupide, qui devait le porter à flatter la reine

1. *États généraux de 1614*, par Leclerc.

Vue du Camp de César et de l'Eglise prise de la Côte des Beauvoisins

G. Achenbach

mère Anne d'Autriche, pour mieux dissimuler ses accaparements de richesses. De pareils agissements exaspèrent les grands du royaume, qui profitent de l'irritation populaire, causée par la répartition de nouveaux impôts, pour se déclarer en révolte ouverte, sous le nom de parti de la Fronde. Les princes de Condé, de Conti et de Longueville se mettent à la tête du soulèvement et font éclater des troubles à Paris et en Normandie. Ces émeutes impressionnent tellement la cour qu'elle se hâte de gagner Saint-Germain puis Pontoise, où elle est suivie par une fraction du Parlement, choisissant le réfectoire des cordeliers pour salle de séances. Cependant, le manque d'initiative fait perdre aux chefs du mouvement le fruit de leurs premiers succès dans le faubourg Saint-Antoine, et les Parisiens, impatientés du trouble jeté inutilement dans leurs affaires, envoient une délégation au roi pour le prier de rentrer dans sa capitale.

Ces événements avaient occasionné de nombreux mouvements de troupes ; entre autres, le passage par le chemin des Gens-d'Armes d'un corps composé de neuf escadrons de cavalerie, 3.000 hommes d'infanterie, avec quatre pièces d'artillerie et de nombreux charriots, sous le commandement de Mrs de Nemours et de Tavannes, ayant Coligny et Clinchant pour capitaines. Ces troupes allaient de Chaumont sur Mantes pour rejoindre le duc de Beaufort aux environ de Chartres. Elles passèrent la nuit du 1er au 2 mars 1652 au camp de Nucourt, et devaient se heurter contre les dispositions que la ville de Mantes avait prises pour leur couper le passage. Le duc de Sully, gouverneur de la ville, avait reçu un renfort de 300 cavaliers, commandés par M. de Saint-Quentin, et devait faire sauter au besoin une ou deux arches du pont. Quel ne fut pas l'étonnement général lorsqu'on le vit aller au devant des chefs rebelles, les accueillir avec la plus grande courtoisie, leur faire les honneurs du château et leur faciliter la traversée de la ville avec armes et bagages.

Louis XIV fut furieux d'apprendre un pareil mépris de ses ordres; il destitua le duc de Sully en le remplaçant par M. de Digby, lieutenant-général des armées, et le maire Fournier dont il donna la charge au sieur Buret, l'un des échevins. Le roi vint lui-même s'installer à Mantes le 14 octobre. Mrs de Sully et Fournier ne purent se faire relever de leur disgrâce qu'en août 1653.

Par suite d'un débordement de la Seine, deux arches du petit pont de Meulan avaient été emportées par les eaux le 16 février 1651, et remplacées par une passerelle en charpente, qui occasionna une grande catastrophe, le jour de Pâques, 28 mars 1655. Au retour des vêpres à l'église Saint-Jacques, un grand nombre de personnes passant à la fois sur ce pont, un craquement sinistre se fit entendre et il y eut 65 victimes englouties par les flots. Un autre accident se produisit le 6 août 1693, à la Roche-Guyon, par l'affaissement d'une partie considérable de craie mélangée de silex, qui écrasa six personnes, dans leurs logis, creusés en forme de cave au flanc de la colline, près l'église.

Le roi soleil agrandit la France par de nombreuses conquêtes, il favorisa le commerce par la création de canaux et grandes routes; il embellit Versailles avec un tel goût et une telle profusion, que les magnificences de ce séjour royal n'ont pu être égalées par aucune autre nation; mais il ternit sa gloire par la révocation de l'édit de Nantes (20 octobre 1685), laquelle mesure, appliquée avec la dernière rigueur, produisit des effusions de sang et força nombre de ses sujets à s'expatrier.

Ce grand règne de Louis XIV est suivi des désordres de la régence du duc d'Orléans et des déceptions du système financier de Law. Le Parlement ayant voulu s'opposer à l'émission illimitée des actions de la Compagnie du Mississipi, fondée par ce trop habile écossais, fut exilé à Pontoise le 21 juillet 1720. Il y est envoyé de nouveau le 11 mai 1753, à l'occasion des querelles du Jansénisme (doctrine religieuse de l'évêque d'Ypres), et n'en est rappelé qu'à la naissance du duc de Berry, petit-fils du roi Louis XV, le 4 septembre 1754.

Lorqu'en 1774, ce jeune prince héritera de la couronne, sous le titre de Louis XVI, il trouvera la France dans une situation bien précaire. Il y avait tant de gens privilégiés, pour lesquels il avait fallu créer sous les règnes précédents de nouvelles charges et emplois publics, que le peuple était exténué par les nombreux droits à acquitter. Tandis que le commerce et l'industrie étaient partout entravés, donc les affaires rendues impossibles, le déficit se creusait toujours plus profond dans les finances et réclamait de nouveaux impôts.

Dès la première année de son règne, éclata une révolte sur le marché de Meulan le lundi 1er mai 1775, à cause du renchérissement du blé, taxé à 40 livres les 160 litres; deux mille factieux se mirent à piller les magasins de grains et farines; il fallut cent gendarmes plus un détachement du régiment de la reine pour protéger les boulangeries et rétablir l'ordre.

Le gouvernement sentait déja que de promptes réformes étaient indispensables; il eût fallu un monarque de caractère ferme et résolu pour les décréter dans le plus bref délai. De cœur généreux et honnête, Louis XVI se laissera influencer par les conseils intéressés de ses courtisans, qui tiennent les bonnes places. Il blessera l'Angleterre en aidant à l'émancipation des États-Unis, et cette puissance emploiera tous les moyens pour augmenter ses embarras. Persuadé que le sacre l'avait rendu inviolable, il se laissera vivre heureux et insouciant jusqu'au jour où les clameurs des basses classes monteront jusqu'à lui.

Pour trouver une solution aux nombreuses difficultés qui l'enserraient toujours davantage, il ordonne, en 1787, la réunion des notables du royaume. M. Pierre-Michel Hennin, jurisconsulte, né à Magny-en-Vexin, en est nommé le secrétaire. Ces princes du clergé, de la noblesse et de la magistrature sont obligés de reconnaître que des sacrifices personnels seraient nécessaires, mais aucun n'en a le courage, et tout en jetant les hauts-cris sur le déficit à combler, ils se séparent sans indiquer le remède.

Louis XVI n'obtient pas plus de résultats avec les assemblées provinciales. Le Vexin est représenté à celle de Rouen par Mrs Lerat de Magnitot, Santerre, notaire à Magny, et Lefèvre, propriétaire aux Tilliers; à celle de Melun, ont été désignés par le roi Mrs Élie Charles Talleyrand-Périgord, prince de Chalais, seigneur du Coudray, et Mr Jacques de Monthiers, chevalier, conseiller, président, lieutenant général du baillage et maire de Pontoise, seigneur de Nucourt.

Cette situation, si perplexe, fut encore aggravée par les dégâts d'un violent orage qui fondit sur l'Ile-de-France le dimanche matin 13 juillet 1788. La chute de grêle fut plus terrible que dans les années mémorables de 825 et 1593; elle anéantit toutes les récoltes, les arbres fruitiers et les habitations sur deux bandes de territoire; dont l'une, de 16 kilomètres de largeur, s'étendait de la Touraine, par Chartres, Rambouillet, Pontoise, Clermont, vers la Hollande; et l'autre, de 8 kilomètres de largeur, partait d'Orléans, pour se continuer par Paris, Crépy-en-Valois, en restant parallèle à la première, à la distance de 20 kilomètres. Il y eut 1.039 communes atteintes en France, et les dommages furent estimés à la somme de 24.690.000 livres. La disette qui en résulta allait s'ajouter aux maux d'un hiver très rigoureux [1].

En présence de tant de difficultés, il fallait se résoudre à la convocation des États généraux. Le roi ordonne donc la réunion dans les baillages de délégués des trois ordres, nommés par toutes les paroisses, hameaux et écarts, pour la rédaction de cahiers de vœux devant servir de base aux travaux de la grande assemblée. Par ce moyen si ingénieux, le souverain

1. *Trois catastrophes à Pontoise*, par Séré Depoin 1880.

allait connaître les aspirations de la plupart de ses sujets.

Après avoir terminé la rédaction de leurs vœux, ces délégués nommèrent des commissions, formées du quart de leur nombre, pour la refonte, dans les districts, de plusieurs de ces cahiers de baillage en un seul. Dans le Vexin, il ne siégea qu'une de ces commissions, qui tint ses séances à Chaumont; elle comprenait le baillage de Magny et une faible partie de Gisors. Sa première réunion eut lieu le 16 mars 1789, sous la présidence du marquis de Guiry, grand bailli d'épée. Parmi les délégués du clergé, siégèrent : Mrs Fréret, curé d'Heudicourt, Carlier, curé de Vesly, Lefèvre, prieur-curé de Maudétour; de Lamblardie, prieur-curé de la Roche-Guyon, l'abbé Panat grand vicaire de Pontoise, chapelin de Nucourt; la noblesse y fut représentée par le marquis de Mornay de Montchevreuil, Mrs Dupille père et fils, de Bertichères, le comte de la Vacquerie de Bachivillers, M. Charles Aubourg, marquis de Boury, seigneur de Baugrenier, M. Levaillant de la Mare-aux-Champs de Chaumont, Mie Charles-François de Cléry, marquis de Sérans, seigneur de Montagny, M. Antoine-Hilaire Laurent, le Maîrat président de la Chambre des comptes de Paris, seigneur de Thibivillers et d'Hardeville, le chevalier d'Anserville, Mre de Goussainville de Boissy-le-Bois, le comte de Saint-Souplet de Saint-Cyr, le chevalier Séguier de Chaumont, le comte Martel de Delincourt, Mre Lemoine de Belle-Isle de la Villetertre, garde des sceaux de France, le baron de Pontécoulant, le comte de Marles, le marquis du Belloy; comme représentants du tiers-état s'y trouvaient : Mrs Guillot, protonotaire à Chaumont, bailli de plusieurs justices seigneuriales, J.-Ch. Thibault, cultivateur à Chaumont, Charles Fessart à la Villetertre, Goré à Boubiers, Villiers, ancien échevin à Magny, Renaut, avocat, ancien maire de Gisors, Brière à Magny, Vinot de Préfontaine, bailli à Gisors, Feugére, bailli à la Roche-Guyon, de Gouvreville à Bennecourt. Les procureurs-syndics furent : l'abbé Mignot, curé-doyen de Gisors, pour le clergé et la noblesse;

M. de Nayville, lieutenant du baillage, pour le tiers-état. M. Framboisier, avocat à Gisors, remplit les fonctions de secrétaire.

Le baillage d'Andely dut envoyer ses délégués à Rouen ; ceux de Mantes et Meulan siégèrent en pays chartrain, à Mantes ; ceux de Pontoise allèrent à Senlis.

Aussitôt l'achèvement de leurs travaux, ces assemblées nommèrent des députés chargés de produire leurs résumés de vœux de réformes aux États généraux.

L'Assemblée de Chaumont députa à Versailles : Mre Lemoine de Belle-Isle de la Villetertre comme représentant de la noblesse M. l'abbé de Panat pour parler au nom du clergé, Me Bordeaux, procureur du roi à Chaumont, et Me Dailly à Magny pour soutenir les vœux du tiers-états. Elle nomma comme suppléants : Mre de Cléry, comte de Sérans pour la noblesse ; Me Santerre, notaire à Magny, pour le tiers-état.

D'autres habitants du Vexin furent députés aux États généraux, savoir : par l'assemblée de Mantes, M. le marquis de Gaillon pour la noblesse, et M. Germiot, cultivateur à Menucourt, pour le tiers-état ; l'assemblée de Rouen choisit : M. le marquis de Mortemer et le comte de Trie pour la noblesse, M. Lebeau, curé de Lyons-la-Forêt, pour le clergé, et M. Lefèvre de Chailly, propriétaire à Gamaches, pour le tiers-état ; l'assemblée de Senlis y envoya M. Massieu, curé de Cergy, pour le clergé et M. Pierre-Antoine Delacour, fermier seigneurial à Ableiges, pour le tiers-état.

En disposant pour les membres du tiers-état une entrée spéciale à la salle des séances, le gouvernement cherchait à leur faire comprendre qu'il ne leur réservait qu'un rôle très effacé dans les délibérations. Ce fut une dernière satisfaction accordée à la vanité du clergé et de la noblesse, dont les représentants eurent seuls droit à la porte d'honneur. Dès les premières réunions, on refusa le vote par tête, qui pouvait donner égalité de voix au tiers-état, mandataire du plus grand nombre de sujets, pour n'admettre que le vote par ordre qui le mettait fatalement en minorité.

Comblé de faveurs, le clergé ne sut que demander et ne produisit pas de cahiers de vœux. De son côté, la noblesse était en possession de tant de privilèges que le roi ne pouvait plus rien pour elle; l'armée, les finances, la magistrature, se trouvaient entre ses mains; mais elle avait à craindre le détraquement de la machine gouvernementale, trop compliquée dans ses rouages et remplie d'abus révoltants; aussi, chercha-t-elle à retarder cet effondrement en proposant la réunion périodique des États généraux, l'abolition des lettres de cachet, donc garantie de la liberté individuelle, la levée des impôts réglée du consentement de la nation.

Il était facile de prévoir que les vœux du tiers-état seraient plus importants. Il réclame le vote d'une constitution, la liberté de conscience, le paiement d'impôts proportionnels par tous les sujets sans aucune exception, le remplacement des justices seigneuriales par des tribunaux réguliers, l'admission des citoyens à tous les emplois, selon leur capacité, la liberté du commerce et de l'industrie, donc suppression des jurandes et barrières intérieures, etc., etc.

Un monarque bien inspiré trouvait là l'occasion d'un acte magnanime, qui aurait transmis son nom vénéré aux générations futures. Connaissant les vœux les plus légitimes de ses sujets, dont sa personne et sa famille étaient alors aimées et respectées, le roi n'avait qu'à se mettre à la tête du mouvement et décréter les réformes indispensables; par malheur, il se laissa influencer par tous ceux qui avaient intérêt à conserver leur situation et voulut comprimer les aspirations générales; de là, une immense catastrophe. Les deux castes exemptes d'impôts, tout en possédant les deux tiers et le meilleur du sol de la France, lui conseillaient la résistance; il en résulta la plus terrible des révolutions.

Effrayé des changements profonds partout réclamés,

Louis XVI veut dissoudre les États généraux avant que les députés n'aient commencé la discussion des vœux exprimés. La plupart des membres refusent d'obtempérer à cette injonction et se déclarent constitués en assemblée nationale. Dans une réunion tenue le 20 juin 1789, à la salle du Jeu de Paume, ils jurent de persévérer dans leur résolution jusqu'à ce qu'ils aient donné une constitution à la France.

A l'exception de l'abbé de Panat, tous les députés du Vexin prennent part aux travaux de ces législateurs improvisés; M. le marquis de Gaillon ne s'en sépare que dans le courant de l'année.

En se résignant à laisser faire, le roi perdit une grande partie de son prestige; chacun osa agir, les passions allaient se faire jour et les événements se précipiteront bientôt avec fureur. Dès le 14 juillet, le peuple de Paris organise une milice et s'empare de la Bastille, prison d'État des plus redoutées.

Ce premier acte de violence populaire aurait dû décider les privilégiés et courtisans à se grouper autour de la famille royale pour la protéger; mais les funestes conseillers et une grande partie de cette noblesse dorée jugèrent plus prudent d'émigrer.

Suivant l'exemple de la capitale, les villes de province forment des gardes civiques; tout le royaume sera bientôt sous les armes. Dans une séance de la nuit du 4 au 5 août, l'Assemblée nationale abolit tous les titres de noblesse et les privilèges.

Une nouvelle division de la France par départements disloque la province du Vexin pour en attribuer une part à ceux de Seine-et-Oise, de l'Oise et de l'Eure. Nous devons toutefois constater que, malgré la perte de son autonomie, cette région a gardé et conservera encore longtemps son cachet particulier; aussi, poursuivrons-nous son histoire à travers cette époque tourmentée.

Le Vexin français ressortait à ce moment du Parlement de

la Chambre des comptes et du Gouvernement militaire de Paris, comprenant partie des baillages de Mantes et Meulan et de Senlis, avec chatellenies à Chaumont, Magny, Pontoise ; dont les deux premières du présidial de Beauvais et la troisième de celui de Senlis. L'intendant général du gouverneur militaire résidait à Mantes.

L'autre partie, le Vexin normand, ressortait du Parlement et de la Chambre des comptes de Rouen ainsi que du Gouvernement militaire de la Normandie. Le baillage de Gisors, formant un des grands baillages de cette province, était subdivisé en quatre vicomtés : Gisors, Vernon, Andely, Lyons. Le présidial se tenait aux Andelys et le lieutenant du gouverneur militaire résidait à Gisors.

Mantes et Meulan étaient seules de la Cour des aides de Paris ; tout le reste du Vexin était de la Cour des aides de Rouen. Pour les généralités, Pontoise était, avec Mantes et Meulan, de celle de Paris ; elles formaient trois élections. Le reste du Vexin était de la généralité de Rouen et divisé en cinq élections: Gisors, Andely, Lyons, Chaumont et Magny.

La Roche-Guyon avait été érigée en duché-pairie ; Charleval et Tourny étaient des marquisats ; Dangu et Heuqueville avaient titre de baronnies.

Sur la proposition de Talleyrand, évêque d'Autun, les possessions du clergé sont déclarées bien nationaux. Celui-ci est obligé d'abandonner ce qu'il n'avait pas voulu sacrifier pour tirer la royauté d'embarras.

Toutefois, la suppression des monastères fut d'autant plus facile que la Révolution ne trouvait presque partout que des portes ouvertes à enfoncer. Depuis longtemps, la trop grande affluence des richesses avait fait oublier la règle et amené le relachement des mœurs ; d'où de fréquents scandales, auxquels il fallut couper court par la fermeture des maisons religieuses livrées au désordre. Dès 1648, le prieuré de Saint-Nicaise de Meulan avait été réuni à la congrégation réformée de Saint-Maur ; parce que ses religieux étaient alors tellement effrontés, qu'ils refusaient de prendre pour prieur celui qui menaçait de les entraver dans leurs plaisirs.

L'abbaye de Saint-Martin de Pontoise avait été supprimée par arrêt du 3 avril 1767 et fondue dans le prieuré de Saint-Nicaise réorganisé ; autorisée à rouvrir ses portes en 1770, elle fut ruinée complètement par l'orage du 13 juillet 1788. Le couvent des Célestins de Limay avait été fermé par un bref du pape Pie VI, en date du 30 septembre 1778, pour les biens et rentes considérables de cette fondation, être distribués à diverses paroisses et œuvres de bienfaisance. Le prieuré de Liancourt-Saint-Pierre avait depuis longtemps fait place à un château. Bien d'autres prieurés et maisons conventuelles avaient disparu.

Le vent rénovateur soufflant de plus en plus, l'égalité de tous les citoyens devant la loi et devant l'impôt est décrétée ; leur admission à tous les emplois selon les capacités devient la règle du recrutement du personnel administratif et militaire.

Après deux années de ce nettoyage du haut en bas de l'échelle sociale, l'Assemblée nationale est en mesure de soumettre au roi la constitution qu'elle a élaborée ; le souverain la sanctionne le 7 septembre 1791, pour lui donner force de loi partout le royaume.

Si la Révolution avait pu s'en tenir là et que tous les citoyens eussent consenti à accepter franchement et loyalement le nouvel ordre de choses, il y avait un pas immense de fait vers le bien-être général. Malheureusement, il n'en sera pas ainsi ; les énergumènes, toujours prompts à faire valoir leurs droits, sans s'inquiéter de leurs devoirs, ameuteront la populace pour exploiter le désordre, et se lanceront dans les plus grands excès.

Quantité d'individus sans scrupules sauront profiter de la grande faute commise par l'Assemblée nationale, dans le règlement des élections pour l'Assemblée législative qui devait la remplacer. Par un sentiment de délicatesse exagérée, elle avait décidé qu'aucun de ses membres ne pourrait faire partie de cette nouvelle chambre.

En se conformant à ces dispositions, les districts du Vexin y nommèrent : M. Legendre, notaire à Heuqueville près les Andelys, M. Pantin, propriétaire-agriculteur à Gaillardbois, M. Soret, procureur-syndic du Directoire à Pontoise, M. Hua, juge au tribunal de Mantes, et leur donnèrent pour suppléants : M. Boisdenemetz, officier de marine à Cantiers, M. Fougère, juge au tribunal de Mantes, et M. Chandelier, juge suppléant au tribunal de Pontoise.

Dès ses premières séances, le nouveau Parlement se montre hostile au roi ; les passions sont déchaînées. Le peuple ne cherche qu'à satisfaire ses rancunes des souffrances du passé, sans vouloir tenir compte des sacrifices déjà imposés à ses anciens maîtres.

Nous arrivons à l'époque de la Terreur qui a laissé le souvenir le plus pénible dans toute la société ; on immole les victimes sur une simple dénonciation et souvent sans aucun jugement ni forme de procès ; on massacre les prisonniers. Le roi, se voyant abandonné et la France livrée à de pareils égorgements, demande du secours à son beau-frère ; ce sera sa comdamnation.

La seule diversion à ces scènes de carnage toujours renouvelées, fut le grand élan patriotique, lorsqu'à la menace de l'étranger, la patrie fut déclarée en danger. Les enrôlements volontaires et les dons de secours furent très importants, mais ne purent apaiser les fureurs du peuple. Le palais des Tuileries est envahi dans la journée du 10 août 1792, le massacre de la garde suisse force le roi avec sa famille à se mettre sous la protection de l'Assemblée législative, qui les fait conduire au Temple.

Malgré la prudence de ses magistrats, le Vexin eut aussi sa

journée tragique. Ce fut le 4 septembre 1792, au passage à Gisors d'une voiture escortée de quatre gendarmes et de deux commissaires amenant de Forges-les-Eaux le duc Louis-Alexandre de la Rochefoucauld, ancien député de la noblesse de Paris aux États généraux, membre influent de l'Assemblée nationale, puis président du Conseil départemental de la Seine, mis en défaveur pour avoir destitué le maire de Paris, Pétion. Se trouvaient avec lui : la duchesse d'Enville, sa mère, la duchesse de la Rochefoucauld, sa femme, Madame d'Astorg et le savant minéralogiste Dolomieu. Il sont assaillis, à la sortie de la ville, par un bataillon de volontaires de l'Orne qui, déjà surexcités par des démonstrations trop bruyantes, assassinent le duc.

Par une étrange coïncidence, son neveu Armand-Charles-Just de Rohan-Chabot venait d'être massacré à la prison de l'abbaye Saint-Germain-des-Prés, dans la nuit du 2 au 3 septembre. Les dames d'Enville (âgée de 77 ans) et de la Rochefoucault, déjà si éprouvées, ne devaient pas être au bout de leurs peines ; elles sont dénoncées au Comité révolutionnaire par un sieur Quénoël, ancien curé de Haute-Isle, comme pervertissant les patriotes par de nombreuses œuvres charitables ; arrêtées et incarcérées à Paris, elles ne sont remises en liberté que le 2 octobre 1794, après la chute de Robespierre et sur les pressantes instances des habitants de la Roche-Guyon.

Une nouvelle assemblée, sous le nom de Convention nationale, avait remplacé celle législative dès le 21 septembre 1792. Ses premiers votes eurent pour effet l'abolition de la Royauté en proclamant l'avènement de la République une et indivisible, d'inaugurer une ère nouvelle pour dater de l'an 1 et de supprimer la religion chrétienne. Le roi, la reine seront mis en jugement et exécutés ; le jeune dauphin, remis au cordonnier Simon, ne put supporter les mauvais traitements de cette brute, il en fut délivré par la mort. Restait la dauphine qui ne sera sauvée que par un rachat de prisonniers. Le duc d'Orléans, qui s'intitulait Philippe Égalité et croyait s'être rendu agréable en votant pour la mort du roi, périt à son tour sur l'échafaud. Tous les autres membres de la famille royale avait fui à l'étrangsr.

Elue au scrutin de liste par département, la Convention ne comptait que peu de députés du Vexin; nous y retrouvons cependant l'ancien curé de Cergy, Massieu, devenu évêque constitutionnel de l'Oise, qui, dans le procès de Louis XVI, vota pour la mort; Dupuis, membre de l'Institut, auteur de l'*Origine des Cultes*, né à Trie-Château, vota pour la détention; Richou, receveur puis maire de Gisors, administrateur du district d'Andely, vota de même pour la détention.

Un décret de la Convention, en date du 13 octobre 1793, créait un parc d'artillerie dans l'ancien couvent des Bénédictins à Meulan, sous le commandement du sieur Grobert, avec 94 servants, ayant Bertrand pour instructeur.

Le 26 octobre 1795, la Convention, de sanglante mémoire, fit enfin place au Directoire, avec deux corps élus : le Conseil des Anciens et celui des Cinq Cents.

Deux conventionnels, ayant aussi à se reprocher la mort de Louis XVI, vinrent se fixer dans le canton de Magny : Lepelletier de Saint-Fargeau acheta la terre d'Aincourt et mourut assassiné au Palais-Royal par le garde du corps Pâris; Lakanal choisit sa retraite dans les anciens bâtiments du couvent de Villarceaux [1].

Sur les champs de bataille, le drapeau tricolore volait de victoire en victoire; les héros sortaient des rangs même les plus obscurs. Le Vexin fournit le général de Blamont, né à Gisors, et le général Leclerc (Charles-Emmanuel), né à Pontoise. Un enfant de Saint-Cyr-en-Arthies, Pilleux, passa septième le pont d'Arcole, sous le feu des canons autrichiens.

Il y eut un enivrement de gloire dont le général corse,

---

1. Feuilloley, *Hist. Canton de Magny*.

Napoléon Bonaparte, saura profiter, le 10 novembre 1799, pour expulser le Conseil des Cinq Cents de la salle de l'Orangerie à Saint-Cloud et dissoudre celui des Anciens. Par cet acte des plus audacieux, il met fin à l'ère révolutionnaire et obtient le titre de Premier Consul, avec deux assesseurs et deux Chambres : le Sénat et le Corps législatif.

Par un concordat, réglé avec le pape Pie VII et sanctionné le 6 avril 1802, il rétablit le libre exercice des cultes. Les églises, temples, chapelles et synagogues rouvrent officiellement leurs portes ; il est de nouveau permis à chacun d'y prier Dieu et d'y puiser les préceptes de saine morale.

De nouvelles et brillantes victoires engagent le Sénat à offrir, le 18 mai 1804, la dignité impériale à Napoléon, comme témoignage d'admiration et de reconnaissance de la France.

Le vieux monde avait fait place à un nouveau régime, encore transformé depuis, dont les générations qui se sont succédé, ont goûté les inappréciables bienfaits. La victoire aura été suivie de quelques revers, mais les progrès dans les sciences et dans les arts auront enfanté des découvertes qui resteront l'honneur du XIXe siècle. Par sa force, sa vitalité et son génie, la France est toujours restée au premier rang des nations.

APANAGES

Afin d'éviter un surcroît de complications dans le récit régulier des événements, nous y avons supprimé l'indication suivie des apanages conférés dans le Vexin ; ce d'autant mieux que les titulaires habitaient rarement la province ; la plupart n'y paraissaient qu'accidentellement et ne s'y intéressaient que pour les revenus à en tirer.

Lorsqu'il se produisait des vacances dans ces attributions, les bénéfices rentraient au trésor royal.

Pour les divers comtés du Vexin, nous avons relevé les bénéficiaires suivants :

COMTÉ DE PONTOISE

Après sa réunion au domaine de la couronne, en 1086, Philippe Ier essaie d'apaiser le ressentiment de son fils Louis le Gros contre la reine Bertrade d'Anjou, qui avait remplacé sa mère Berthe de Hollande, en lui donnant, en 1102, le district de « Pontisarium et totum Vilcassinum (français). »

A son tour, Louis le Gros le donne à Guillaume Cliton, fils du malheureux duc Robert II de Normandie, qui le visite en 1126.

En 1236, Saint Louis en fait hommage à sa mère, Blanche de Castille; après la mort de cette reine, en 1254, il le joint au comté de Meulan en faveur de Marguerite de Provence, sa femme.

Philippe le Bel disposa, en 1298, de la partie du Vexin français comprise entre la Seine, l'Oise, la chaussée de Jules César et la voie du Tillet à Mantes, en faveur de son frère Louis comte d'Evreux; ce prince avait, en 1320, Richard d'Abbebos comme prévôt-voyer. Par le mariage de son fils Philippe, en 1329, avec Jeanne, fille de Louis X le Hutin (héritière du royaume de Navarre par sa grand'mère et marraine, femme de Philippe le Bel), ce district du Vexin revint, sous le titre de comté de Mantes et Meulan, à leur fils Charles le Mauvais, qui le possédait en 1356.

Pour le punir de sa félonie, le roi Jean II l'en dépouille pour l'ajouter au comté de Chaumont, donné à Blanche de Navarre, sœur de Charles le Mauvais et veuve de Philippe VI de Valois. Cette reine fit lambrisser le château de Pontoise; elle eut comme prévôts-voyers : Guillaume de la Fontaine, en 1359, et Raoul Le Blond, en 1383. Comme elle habitait presque constamment le Vexin, elle mourut au château de Neaufle le 5 octobre 1398, au milieu des terribles événements de la guerre de Cent Ans. Malgré les intermittences d'autorité française ou anglaise, Mathieu le Boucher fut prévôt-voyer royal de 1425 à 1440.

Après avoir chassé les Anglais, Charles VII confie, en 1450, les fonctions de lieutenant-prévôt en garde à Nicolas le Boucher; mais le pays était tellement épuisé par de si longues guerres, il y avait tant de ruines à relever, que le trésor royal ne pouvait rien en tirer, et il faut arriver à 1546 pour trouver un nouveau prévôt royal en la personne de Jean Malfuzon.

En octobre 1570, le roi Charles IX ajoute les districts de Pontoise et de Chaumont à l'apanage de son frère le duc d'Alençon, qui possédait déjà Gisors, Mantes et Meulan; ce prince vendit, en 1578, les revenus de Pontoise à Nicolas Aubleau, seigneur de Favelles.

Le roi Henri III dispose, en 1579, du domaine de Pontoise en faveur de Nicolas de Neufville-Villeroy; il passa ensuite aux cardinaux de Joyeuse et de Richelieu, à la duchesse d'Aiguillon, au cardinal de Bouillon, au duc de Bouillon, son neveu. En 1740, il appartenait au fils de celui-ci.

Louis XV donna le domaine de Pontoise, le 17 mars 1749, à Louis-François de Bourbon, prince de Conti, dont hérita, en 1776, François-Joseph, son fils.

Ce prince perdit cette source de revenus par l'abolition des privilèges à la Révolution.

COMTÉ DE MEULAN

Ce comté, confisqué en 1204 par Philippe-Auguste, subit la fortune du comté de Pontoise jusqu'à la fin de la guerre de Cent Ans.

Lorsque Louis comte d'Évreux reçut ce district de son frère Philippe le Bel, le revenu en était estimé à 1.779 l. 5 s. 5 d.

A partir de cette donation, il y eut comme prévôt-voyer receveur : Mathieu Hellouin, le 26 avril 1310; Robert de la Villette, le 26 mars 1330; Pierre Lhermitte, le 30 avril 1364; Jean Cheval, le 21 octobre 1403 ; Nicolas de la Heze, le 21 septembre 1408; Lorent de Montuillet, le 12 juillet 1417; Rogier de Baudemont, le 5 décembre 1417; Guillaume Janailhac, en 1462-64.

En 1474, Olivier le Daim reçoit de Louis XI le titre de comte de Meulan avec l'apanage de ce district, où il installe, en 1478, Gabriel Le Tellier comme contrôleur de ses domaines.

Le roi Louis XII engage, en 1512, les comtés de Meulan, Dourdan et Corbeil pour la somme de 80.000 l. à l'amiral de Graville, décédé l'année suivante.

Denis de la Planche était prévôt en garde en 1518, à raison de 10 l. parisis par an.

François Ier donne le domaine de Meulan, le 1er octobre 1526, à Jean de Créqui-Canaple, chevalier-capitaine de cent gentilshommes de sa maison, et à Marie d'Assigny, sa femme.

Johan Vion était prévôt en 1530, et le 10 février 1535, Jehanne Delafin, abbesse de Port-Royal, touchait une rente de 100 l. sur le domaine de Meulan ; le 17 décembre 1545, Guillaume Vion, écuyer, seigneur de Xuanville, est nommé prévôt avec l'approbation du roi François Ier; en 1549, ce fut Charles Mollay, écuyer, seigneur de Laire, Tessancourt et Villette.

La reine Catherine de Médicis en étant devenue apanagiste, s'enquiert, en 1559, du motif de la saisie des étangs de Meulan.

L'office de prévôt est réuni à celui de lieutenant du bailli le 2 février 1564.

Louis XIV engagea le domaine de Meulan, en 1646, à messire Antoine Guérapin, baron de Vauréal, avec faculté de rachat pour 20.000 l.; le 31 août 1656, Michel Imbault reprit le dit domaine en remboursant les 20.000 l. ci-dessus et en versant 22.000 l. au trésor royal.

En 1658, l'apanage de Meulan passe à Pierre de Séguier, chevalier, conseiller du roi, baron de Chars, etc.; le 29 juin 1663, dame Magdeleine Fabry, veuve de Pierre Séguier, est maintenue dans les droits de son mari; en 1668, cet apanage est concédé à leur fille Charlotte de Séguier, veuve de Maximilien-François de Béthune.

Mre Guy-Michel Billard de Lorrière, seigneur de Vaux, devient apanagiste de Meulan en 1735.

En 1747, cet apanage fut donné le 19 septembre à Mre Louis-François de Bourbon, prince de Conti, en échange de la baronnie d'Yvry, et celui-ci le transmit, en 1776, à son fils François-Joseph.

Rentré dans le domaine privé du roi Louis XVI en 1783, ce monarque le donna à son frère Louis comte de Provence (Louis XVIII), qui le perdit à la Révolution.

COMTÉ DE CHAUMONT

Les derniers descendants des comtes de Chaumont s'étant éteints en 1434, en pleine occupation de la contrée par les Anglais, ce fut le roi Louis XI qui en disposa, le 22 novembre 1481, en faveur de son conseiller et chambellan, le chevalier Jehan de Kerguendlanen, en spécifiant que ce don comprenait la chatellenie, place et terre de Chaumont avec l'accroissement de Magny, et serait transmissible à ses hoirs mâles.

Ce bénéficiaire étant mort sans enfants, le domaine fut attribué, le 12 novembre 1543, à François de Bourbon, duc d'Estouteville, en échange du comté de Saint-Pol; avant cette transaction, celui-ci avait fait faire l'estimation du dit comté par une société de jurisconsultes réunie le 19 décembre 1541, parmi lesquels se trouvaient : Jean Nesles et André Bouer, prévôts.

A la mort du duc François d'Estouteville, le 8 juillet 1546, le comté fut réservé à ses enfants mineurs, sous la tutelle d'Adryane, duchesse d'Estouteville, leur mère.

En 1562, le roi Charles IX le réunit à d'autres apanages que possédait sa mère Catherine de Médicis, et le rattacha, en 1563, au baillage de Senlis. Puis, en 1570, il en gratifia son frère François duc d'Anjou et d'Alençon. Celui-ci le vendit, en 1578, à Marie de Bourbon, veuve de Léonor d'Orléans, duc de Longueville et d'Estouteville, dont la famille le conservera jusqu'à Marie d'Orléans, duchesse de Nemours, qui le laisse, à sa mort, à Louise-Jacqueline de Bourbon, duchesse de Luynes.

Celle-ci le transmit à ses fils Charles-Philippe et Albert de Luynes.

Ce dernier le vendit en 1736 à Louis-François de Bourbon, prince de Conti, qui eut par la suite les domaines de Pontoise et de Meulan, auxquels le domaine de Chaumont resta réuni jusqu'à la Révolution.

COMTÉ DE GISORS-ANDELYS

Ce domaine formant tout le Vexin normand, appartenait primitivement aux archevêques de Rouen. Il ne fallut rien moins que la guerre de Cent Ans pour les déposséder de cette suzeraineté temporelle, contre laquelle Richard Cœur de Lion avait déjà lutté inutilement en 1198.

Le 3 mai 1403 le roi Charles VI donna les districts de Vernon, Andelys et Lyons à Isabeau de Bavière, sa femme.

En juillet 1528, le roi François Ier s'en servit pour assurer la dot de Renée de France, fille de Louis XII et d'Anne de Bretagne, lors de son mariage avec Hercule d'Est, duc de Ferrare, en lui assignant 250.000 écus d'or sur les domaines de Chartres et de Gisors. Cette princesse prit le titre de comtesse de Gisors.

Cette attribution fut confirmée par le roi François II le 18 août 1559.

A la mort de Rénée, duchesse de Ferrare, le 12 juin 1575, ces domaines passent à sa fille Anne d'Est, mariée à Henri-Jacques de Savoye, duc de Nemours.

Lors du décès d'Anne d'Est, le 7 mai 1607, son fils Henri de Savoye prend le titre de comte de Gisors; ce prince épouse Anne de Lorraine et reçoit le 26 août 1623 du roi Louis XIII les 250.000 écus d'or, tout en obtenant la libre jouissance des domaines, pour lui et ses enfants.

Henri de Savoye meurt le 10 juillet 1632, sa veuve s'éteint le 10 février 1638 et leur fils Louis les suit dans la tombe en 1641.

Dans cette même année, le roi Louis XIV accorde au frère de ce dernier, Charles-Amédée de Savoye, à l'occasion de son mariage avec Élisabeth de Vendôme, les titres de comte de Gisors et vicomte d'Andely avec la jouissance de ces domaines pour lui et ses enfants mâles; ce prince ne laissant à sa mort, 30 juillet 1652, que deux filles, le roi leur consent, à la date du 27 octobre 1654, la transmission des privilèges et jouissances.

L'une épousa, le 11 mai 1665, Charles-Emmanuel duc de Savoie; la seconde fut mariée, en 1668, à Alphonse roi de Pologne.

Après la mort de ces deux princesses, ces domaines firent retour à la couronne.

En septembre 1710, le comté de Gisors devient l'apanage de Charles de France, duc de Berry, qui le conserve jusqu'à sa mort, 4 mai 1714.

Le 2 octobre 1718, les domaines d'Andely, Gisors et Vernon sont donnés à Charles-Louis-Auguste Fouquet, pair et maréchal de France, marié à Thérèse-Emmanuelle-Casimire-Geneviève de Béthune, et ce en échange du marquisat de Belle-Isle; sur sa demande il est érigé en duché en 1742, pour devenir duché-pairie en 1748, en faveur de son fils, Louis-Marie Fouquet, qui épousa, le 23 mai 1753, Julie-Hélène-Rosalie Mazarini-Mancini, fille de Louis-Jules duc de Nivernais et d'Hélène-Françoise-Angélique Phélipeaux de Pontchartrain.

A la mort de ce dernier, le domaine de Gisors fait de nouveau retour à la couronne en 1761.

Louis XV le donna à Louis-Charles de Bourbon, comte d'Eu, le 19 mars 1762, en échange de sa principauté des Dombes; celui-ci le laissa, le 18 juillet 1775, par testament à son cousin germain Louis-Jean-Marie de Bourbon, duc de Penthièvre, resté bénéficiaire jusqu'à la Révolution.

TABLEAU DES CHEFS DU VEXIN

A la mort de Clovis, le royaume de France fut partagé entre ses fils,
En 511, Childebert eut ainsi la Neustrie, qui passa
« 558, à Clotaire, son frère, puis
« 561, à Caribert, fils de Clotaire;
« 567, Chilpéric, autre fils de Clotaire, marié à Frédégonde;
« 584, Clotaire II, fils de Chilpéric;
« 628, Dagobert, fils de Clotaire, qui désigne en mourant,
« 638, Aiga, fûtur ministre de son fils Clovis II, comme duc de Neustrie;
« 640, Erkinoald, maire du palais;
« 659, Ebroïn, austrasien, maire du palais;
« 687, Pépin d'Héristal, maire du palais;
« 714, Ragenfred, élu par les Neustriens;
« 719, Charles-Martel, fils de Pépin d'Héristal, chasse Ragenfred et récompense les chefs de son armée par des districts ou comtés; dans une distribution de territoires réglée à Quercy-sur-Oise.

LE COMTÉ DU VEXIN

Échut, en 725, à Wittram, qui fixe sa résidence dans la Villa Sainte-Clotilde d'Andely.

Échut, en 752, à Grippon, frère de Pépin le Bref, reçoit ce district; il est tué en 753.

« 753, Romuald, ancien compagnon d'armes de Charles-Martel, nommé à ce comté, fait sa résidence au « Castrum Belgarum de Briva Isaræ. »

« 764, Nibelung Ier, fils de Childebrand et neveu de Charles-Martel.

« 796, Ruférus, auquel succéda Raignault; puis Gailenus, seigneur de la terre de Cormeilles-en-Vexin, fut nommé comte du Vexin; ils se trouvent aux prises avec les Normands.

« 864, Nibelung II, fils de Childebrand II et petit-fils de Nibelung Ier.

« 885, Alédranus, fils de Nibelung II, fondateur du « Castrum Pontem Isaræ. »

« 905, Robert l'Abbé, frère d'Eudes, comte de Paris qui l'y installe à défaut des fils d'Alédranus.

« 923, Hugues le Grand, fils de Robert l'Abbé.

« 956, Hugues Capet, fils de Hugues le Grand, maire du palais.

« 961, Hildegarde, veuve de Waleran, petit-fils d'Alédranus, revient à Pontoise.

« 981, Gauthier Ier, fils de Waleran et d'Hildegarde.

« 987, Gauthier II, dit le Blanc, qui donne le district de Meulan à sa fille Alix et le district de Chaumont-en-Vexin à son fils Dreux et réduit ainsi son domaine en

COMTÉ DE PONTOISE

1030. Dreux, fils de Gauthier II, d'abord comte de Chaumont.

1040. Gauthier III, fils de Dreux, marié à Biotte du Mans.

1063. Amaury, fils de Dreux.

1065. Raoul Ier, fils de Dreux, fixe sa résidence à Mantes.

1067. Raoul II, fils de Raoul Ier, épouse Aliénor.

1070. Simon, fils de Raoul II, épouse une vicomtesse de la Marche.

1070. Gauthier IV, fils de Raoul II, meurt célibataire.

1086. Alix, fille de Raoul II, mariée à Hébert IV, comte de Vermandois, dont une fille, Alix, épouse Hugues de France, troisième fils du roi Henri Ier; d'où, réunion à la couronne de France.

COMTÉ DE MEULAN

De la famille des comtes du Vexin et probablement de Nibelung Ier descendait :

780. Warnerius, fondateur de Saint-Mellon de Pontoise.
862. Warnerius, *viro illustri*, arrière-petit-fils du précédent.
896. Ragnoldus, tué à la défense de Meulan contre les Normands. Les trois fils d'Aledranus, comte du Vexin, Aymon, Dagobert et Archambault vinrent se réfugier à Meulan après la mort de leur père, en 905. Waleran, fils de l'un d'eux, épousa Hildegarde qui, devenue veuve en 961, alla reprendre possession du château de Pontoise.
961. Robert Ier, descendant de Warnerius.
990. Robert II, qui épouse Alix, fille de Gauthier II du Vexin.
997. Hugues Ier à la Tête d'Ours, fils de Robert II.
1015. Galeran Ier, marié à Oda, fonda l'église Saint-Nicaise.
1069. Hugues II, marié à Adélaïde; ils meurent sans enfants.
1080. Adeline, sœur de Hugues II, mariée à Roger le Barbu, comte de Beaumont-le-Roger.
1100. Robert III, dit Prud'homme, fils des précédents.
1118. Galeran II, marié à Agnès de Montfort.
1166. Robert IV épouse Mathilde de Cornouailles; leur fils Galeran étant mort en Palestine, Philippe-Auguste s'empare du comté de Meulan après la prise de la Normandie.

COMTÉ DE CHAUMONT-EN-VEXIN

987. Dreux reçoit ce district de son père, Gauthier II du Vexin.
1030. Willelmus Calvi (Guillaume), frère de Dreux.
1059. Walonis (Gauthier Tyrel), fils de Guillaume.
1066. Robert l'Éloquent, deuxième fils de Guillaume.
1097. Osmont le Vieux, fils de Robert l'Éloquent.
1145? Guillaume l'Aiguillon, son fils, épouse : 1° Marguerite de Gisors; 2° Isabelle de France.
1160. Gualo de Calvomonte, fils d'Odonis et petit-fils de Willelmus Calvi, marié à Mathilde, fille de Hugone de Gisors.
1186. Hugo Ier miles de Calvomonte, fils de Gualo, marié à Pétronille.

1225. Hugues II de Chaumont, fils de Hugues Ier, militès ferentes banneria à l'expédition de Flandre.

1256. Gazo de Caumont, fils de Hugues II.

1300. Gilles de Chaumont, fils de Gaz.

1325. Mathieu, fils de Gilles, épouse damoiselle de Quitry.

1360. Renaud, fils de Mathieu.

1380. Richard, fils de Renaud, chambellan de Charles VI.

1390. Guillaume, dit Lyonnel.

1405. Guillaume II, chevalier, tué à Cravant.

1423. Charles, tué à la bataille de Verneuil en 1434. Ce dernier, étant resté célibataire, le comté de Chaumont fut réuni à la couronne, après l'expulsion des Anglais.

COMTÉ DE GISORS

Vers 1050, Hugonis, fils aîné d'Odonis et petit-fils de Willelmus Calvi, épouse Mehildis de Bodris (Boury), qui lui apporte en dot la terre de Gisors, où ils fondent l'église et le prieuré.

1074. Thibault, leur fils aîné, épouse Mathilde, fille de Godéfroy le Riche, lui-même fils de Bouchard de Montmorency; ils n'ont point d'enfants.

1080. Radulfus de Bodris, fils de Walbertus ou Lambertus et petit-fils de Hugonis, qui, sous la pression de l'archevêque de Rouen se désiste, en 1105, de ses droits sur la terre de Gisors, où le roi d'Angleterre Guillaume le Roux venait de construire la forteresse.

1097. Paganus, fils de Symon de Nielfa (Neauffe) est nommé gouverneur du château de Gisors au mépris des droits de Raoul de Boury.

1104. Théobaldi de Gisortio, fils aîné de Paganus, épouse Agnès (sa sœur Mathilde fut mariée à Richard Ier de Montmorency, seigneur de Banthélu).

1130. Thibault III, fils de Théobaldi, épouse Rhoaïdis et prend le parti des Anglais contre Louis VII, qui le punit en l'obligeant de céder le domaine de Gisors à Hugone, son beau-frère. Ce domaine retourna ainsi aux descendants des possesseurs primitifs.

1168. Hugone de Calvomonte, arrière-petit-fils de Hugonis et de Mehildis et beau-frère de Thibault III par Mathilde, sa femme.

1183. Johannes de Gisortio, fils de Hugone, fonde l'hospice de Gisors.

1218. Hugo, miles de Gisortio, fils de Jean.

1239. Guillelmus, miles de Gisortio, fils de Hugo, épousa Jehanne, dont il eut deux filles : Isabelle de Gisors, décédée à Maubuisson en 1307, et Jeanne de Gisors, mariée au chevalier de Ferrières. De cette famille de Ferrières, nous avons retrouvé Henri de Ferrières, seigneur de Gisors, 1369-1387. Pendant la guerre de Cent Ans, cette famille est remplacée, en 1410, par le chevalier anglais Richard de Marbury. Guillemette et Alix de Tournebu en héritèrent en 1418 du baron de Ferrières, leur parent ; elles le vendirent, le 18 juin 1457, à Jean de Recusson ; un membre de la famille de Ferrières le racheta ensuite pour en faire hommage au cardinal Georges d'Amboise, archevêque de Rouen ; cet acquéreur fut sans doute M. de Ferrières, qui représenta le baillage de Gisors, en 1484, aux États généraux de Tours.

NOTE DE L'AUTEUR

La mention complémentaire des hommes célèbres du Vexin sera faite dans la description spéciale des villes, bourgs ou communes, qui auront été le berceau de leur naissance ou le lieu préféré de leur séjour.

Pour rendre cette description historique des villes et communes aussi complète que possible, nous aurons recours à l'obligeance de toutes les personnes capables de nous renseigner et accueillerons avec reconnaissance les communications que tous les amis d'histoire locale voudront bien nous faire.

Nucourt (Seine-et-Oise), septembre 1893.

Imp. de Magny. — F. NAIN.

www.ingramcontent.com/pod-product-compliance
Ingram Content Group UK Ltd.
Pitfield, Milton Keynes, MK11 3LW, UK
UKHW021111220726
13924UKWH00004B/1645